도무지 일하는 법을 몰랐으니

도무지
일하는
법을
몰랐으니

**동양철학에서 배우는
일의 의미와 기쁨**

리천 지음 | 정이립 옮김

이케이북

팍팍한 일상을 어루만지며 일할 수 있을까

현대사회를 사는 사람들은 늘 갖가지 일에 맞닥뜨린다. 때로는 직장이나 가정에서 어찌할 줄 모를 당혹스러운 일을 겪기도 하고, 때로는 막 직장에 들어갔는데 자신의 수준을 파악하지 못해 자신감을 잃기도 한다. 혹은 나이가 들수록 젊은 날의 열정을 잃고 이제는 어떻게 살아야 할지, 어느 길로 가야 할지 갈피를 잡지 못할 때도 있다. 그런가 하면 하루하루 별반 다를 바 없는 일상에 묻혀 젊은 시절 꿈꾸었던 이상을 깎아먹으며 살아갈 수도 있을 것이다.

우리는 서로 다른 자리에서 서로 다른 일을 경험하며, 그런 과정에서 서로 다른 태도로 살아간다. 어쩌면 지금 자신의 모습이 마음에 들지 않을 수도 있다. 그러나 그런 때일수록 현재의 상황을 바꿀 수 있는 어떠한 기회라도 포기해서는 안 된다. 이 책은 유가儒家와 법가法家, 불가佛家와 도가道家 등 동양 사상의 측면에서 우리가 하는 일과 일상을 이야기한다. 이를 통해서 삶에서 맞딱뜨리는 여러 문제와 그 해결 방법 그리고 마음가짐에 대해 살펴볼 것이다.

유가 사상의 정수는 나라를 다스리는 이론보다는 사회·윤리적 측면에 있다. 동양에서는 예로부터 예의를 중시했다. 일상생활뿐 아니라 직장에서도 각종 예의에서 벗어나지 않도록 주의해야 한다. 일과 사람 그리고 이해 관계를 올바르게 처리하고 자신의 직업이 가진 사회적 책임을 이해한다면 불필요한 고민을 줄이고 일에 더 열중할 수 있다.

법가 사상은 전국시대의 주요 학파 중 하나다. 법가의 철학은 사람의 마음에 집중하며, 법에 따라 나라를 다스리라고 주장한다. 사실 일을 할 때도 마찬가지다. 규칙이 없으면 어떤 일도 잘 이루어지지 않는다. 직장의 법칙을 모르고서는 실력을 뽐낼 수 없다. 거꾸로 말해서, 직장의 법칙을 이해한다면 더 자유롭게 일할 수 있을 것이다.

불교가 주요 종교인 데는 분명한 이유가 있다. 불교를 믿든 안 믿든, 불교에서 전하는 선禪이 우리 삶에 크고 작은 깨달음을 준다는 것은 부정할 수 없는 사실이다. 깨달음을 중시하는 불교는 작은 것에 큰 이치가 깃들어 있고, 삶의 곳곳에 진리가 있다고 주장한다. 그러므로 진실로 진리를 찾고자 한다면 우리가 경험하는 모든 순간이 지극히 소중하다는 사실을 깨달아야 한다.

도가는 춘추전국시대 제자백가 중에서 가장 중요한 학파 중 하나다. 도가의 심오한 철학은 끊임없이 전승하며 발전했고, 중국 역사에도 적지 않은 영향력을 발휘했다. 오늘날 발생하는 모든 사회 문제는 도가 사상에 입각해 그 해결 방법을 찾을 수 있을 정도이다. 또한 '마음을 비우고 순리에 따른다'는 뜻의 청정무위清淨無爲 사상은 우리가 진정으로 추구해야 하는 삶이 무엇인지를 깨닫게 해준다.

이따금 밤이 깊어지면 나는 오래전 유행한 노래를 흥얼거리곤 한다. "빛나는 별 문 앞을 비추며 길 잃은 아이에게 돌아길 길 알려주네. 빛나는 별 내 앞에 놓인 미래를 비추며 그 빛줄기로 내 마음 따뜻하게 위로해주네." 오늘날 우리는 실로 망망대해 한가운데 발이 묶인 채 밝은 등불이 비추기만을 갈구하는 뱃사람 같은 신세가 아닌가? 이 책을 쓰며 나는 모든 독자가 글 속에서 진실로 자신에게 필요한 어떤 것을 찾아낼 수 있기를 바란다. 바다 위에서 사방을 훤히 비추는 등대가 되기를 바라는 것은 지나친 욕심일지 모른다. 그러나 적어도 캄캄한 암흑 속에서 당신의 주위를 조용히 밝히는 촛불이 될 수 있기를 바라마지 않는다.

● 차례

1부

사회적인 나를
탐험하다

균형과 중용의 태도

뱃사람이 물결을 읽지 못하면 먼 항해를 떠날 수 없고, 사냥꾼이 짐승을 구분하지 못하면 산림을 종횡할 수 없다. 마찬가지로 직장에 몸 담은 이가 사람을 이해하지 못한다면 일을 순조롭게 처리할 수 없다.

완벽한 타인과
완성된 일

　　공자는 "인간의 본성은 비슷하다. 다만 습관에 따라 차이가 생겨난다"라고 말했다. 공자는 인간의 본성이 선하다고 보았다. 그러나 살아가면서 서로 다른 습관에 물들어 다양한 성격이 형성되고 일하는 방식과 태도가 달라진다고 생각했다. 그런가 하면 무협소설가 구룽은 일찍이 소설에서 "사람이 있는 곳에 강호가 있고, 강호가 있는 곳에 싸움이 있다"라고 썼다. 그렇다면 직장이라는 강호에서 우리는 어떻게 해야 더 자유롭게 살아갈 수 있을까? 이 문제를 풀기 위해서는 사람을 알아보는 법을 배우고, 직장 생활에서 사람을 알아보는 것이 중요하다는 점을 깨우쳐야 한다.

뱃사람이 물결을 읽지 못하면 먼 항해를 떠날 수 없고, 사냥꾼이 짐승을 구분하지 못하면 산림을 종횡할 수 없다. 또 관리가 고금의 역사를 이해하지 못하면 이해득실을 분간할 수 없다. 마찬가지로 직장에 몸담은 이가 사람을 이해하지 못한다면 일을 순조롭게 처리할 수 없다. 사람을 알아야 인재를 적재적소에 쓸 수 있고, 사람을 알아야 자신의 뜻을 이룰 수 있는 법이다.

사람을 파악할 줄 알면 직장 생활에서 화를 피할 수 있다. 누구와 친하게 지내야 하는지, 또 어떤 태도로 어울려야 하는지 아는 것이다. 사람을 잘 보는 사람은 알맞은 사람에게 알맞은 일을 맡길 수 있다(知人善任). 일을 나누어주는 것은 쉽지만 알맞은 사람에게 나누어주는 것은 간단치 않은 일이다. 그러므로 사람을 잘 쓰려면(善任) 먼저 사람을 잘 알아야(知人) 한다.

청나라의 중흥을 꾀한 증국번曾國藩은 사람을 알아보는 능력이 대단했다. 증국번이 이홍장李鴻章에게 회군淮軍을 훈련시키라고 지시했을 때, 이홍장은 세 사람을 데리고 그를 만나기를 청했다. 증국번이 직접 그들 셋에게 임무를 나누어주고자 했기 때문이다. 그런데 마침 증국번은 식사를 하고 산책을 나간 뒤였다. 이홍장은 세 사람에게 밖에서 기다리라고 명하고, 홀로 안에 들어가 증국번을 기다렸다. 증국번이 산책을 마치고 돌아왔을 때 이홍장은 세 사람을 안으로 불러들이려 했다. 그러나 증국번은 이홍장을 말리고 나서 곧바로 이렇게 말했다.

"오른쪽에 있는 사람은 충성스러워 믿을 만하니 군비 담당으로 보내게. 가운데 있는 사람은 겉과 속이 다르니 대수롭지 않은 일을 맡기면 될 것이네. 왼쪽에 있는 사람은 최고의 인재이니 마땅히 중용해야 할 걸세."

이홍장이 놀라서 물었다.

"어떻게 그렇게 잘 아십니까?"

증국번은 빙그레 웃었다.

"방금 돌아오면서 세 사람이 서 있는 곳을 지나쳤네. 오른쪽에 있던 사람은 고개를 숙이고 감히 앞을 쳐다보지 못했네. 그러니 사람됨이 공경하고 중후하다는 것을 알 수 있었네. 가운데 있던 사람은 겉으로는 공경하는 것 같았지만 내가 지나가자마자 사방을 두리번거리니 겉과 속이 다르다고 판단할 수 있었네. 한마디로 중용하기는 어려운 사람이지. 왼쪽에 있던 사람은 시종일관 똑바로 서서 두 눈을 크게 뜨고 앞만 바라보았네. 어디에도 치우침이 없으니 그야말로 대장군의 재목일세."

증국번이 말한 '대장군의 재목'이 훗날 타이완의 초대 순무(지방행정관)가 된 유명전劉銘傳이다. 증국번은 사람의 행동거지를 보고 그의 성격을 알 수 있었고, 이를 바탕으로 무를 부여했다. 진정으로 사람을 알아보고 적재적소에 쓴 것이다.

사람들이 직장에서 일하는 방법이나 목표 혹은 동기는 저마다 다르다. 같은 일이라도 서로 다른 사람이 맡으면 서로 다른 결과가 만들어진다. 어떤 사람은 완벽하게 일을 해내고 어떤 사람은 속임수를 써서 슬쩍 넘어가고 또 어떤 사람은 일을 망치기도 한다.

청나라의 증국번은 상대방의 행동을 통해 그 속마음을 살필 줄 알았다. 이런 재능은 모든 사람이 부러워하는 것이지만, 우리는 이런 능력이 태어나면서부터 저절로 얻어진 것이 아니다. 오랜 경험을 통해 축적되고 세심한 관찰과 사고를 통해 다듬어진 결과다. 사람을 아는 것은 사실 굉장히 어렵거나 신비한 재주가 아니다. 누구나 사람을 알아보는 전문가가 될 수 있다. 정확한 방법을 알고 알맞은 훈련을 거친다면 애쓰지 않아도 자연스럽게 이루어지는 일이다.

어떻게 사람을 알아볼 것인가 하는 문제를 두고, 당나라의 위정魏征은 당 태종 이세민李世民에게 이렇게 건의했다.

"부유할 때는 그가 어떤 사람을 돕는지 보고, 한가로울 때는 어떤 취미를 즐기는지 보며, 곤경에 처했을 때는 어떤 고난을 겪는지 보고, 가난할 때는 어떤 일을 하는지 보십시오. 그의 재능을 취하고 재능에 맞게 임무를 주십시오. 장점을 살리고 단점은 가리십시오."

이 이야기에 담긴 내용은 여불위呂不韋가 편찬한『여씨춘추呂氏春秋』의 팔관법八觀法으로까지 거슬러 올라간다. 그러나 그 유래가 위정이든 여불위든 상관없다. 사람을 알아보는 것의 본질은 상대방의 행동과 모습을 관찰하고, 세속에서 얻은 경험과 결합해 그의 속마음을 추론하는 것이다. 그럼으로써 그 일을 맡은 사람이 앞으로 어떤 행동을 취할지 예측하는 것이다.

사람을 알기 위해서는 첫째, 말로 성격을 미루어보아야 한다. 언어학과 심리언어학 이론이 우리에게 알려주는 것은 다음과 같다. 언어는 진실한 자아를 표현하는 효과적인 수단 중하나다. 언어와 속마음은 서로 연결되어 있다. 그러므로 사람의 성격을 관찰할 때는 반드시 그의 말에서 시작해야 한다.

우리는 직설적인 사람을 빗대어 '머릿속에서 생각나는 대로 곧바로 말한다'라고 한다. 이런 사람은 대개 솔직하고 직설적이며 마음에 꾸밈이 없다. 말할 때 이리저리 둘러대지도 않는다. 그러므로 믿을 만하고 사귀기 편하며 일할 때 열정적이다. 하지만 한편으로는 충동적이기 쉽다. 친구에게는 호쾌하지만 다른 사람에게는 말로 상처를 주기도 한다. 타인의 감정이나 수용 능력을 고려하지 않아 어떨 때는 자존심을 다치게하기도 한다.

중국 송대의 사문학인 송사宋詞에는 신기질辛弃疾과 소동파蘇

東坡로 대표되는 호방파豪放派가 있고, 유영柳永과 이청조李淸照로 대표되는 완약파婉約派가 있다. 두 파의 풍격에 따른 구분이다. 거칠고 호탕한 호방파와 섬세한 완약파처럼, 일상생활에서도 사용하는 언어에 따라 크게 두 가지로 사람을 구분해 생각해 볼 수 있다.

사용하는 언어가 함축적인 사람은 감정 묘사가 세밀하고 비교적 민감하다. 때로는 가슴속 뜻을 숨긴 채 다른 사람과 지나치게 소통하는 것을 원하지 않는다. 늘 주위 사람들의 생각에 관심을 두고 어떤 일을 하거나 말하기 전에 득실을 살피고 십분 주의한다. 그러나 이런 사람은 진실하지 못하다는 느낌을 줄 수 있다. 생각이 지나치게 많고 정신적 스트레스가 커서 쉽게 우울해진다.

사람들은 유머와 해학을 즐겁게 받아들인다. 말이라는 것도 그렇다. 이런 식의 언어를 사용하는 사람은 밝고 외향적이며 활발해서 작은 것에 얽매이지 않는다. 그들은 종종 어떤 무리의 중심이 되며 어떤 장소에서든 화기애애한 분위기를 만들 수 있다. 그러나 어떤 종류의 말이든 동전의 앞뒤처럼 반대되는 면이 있다. 유머러스한 말도 예외는 아니다. 그런 말을 하더라도 때와 장소에 맞춰 적절하게 응용할 수 있어야 한다. 적절한 상황에서 적절한 사람에게 유머를 구사할 수 있어야 진정으로 지혜로운 사람이다.

적지 않은 사람들이 말할 때 세심한 주의를 기울인다. 해야 할 말은 한마디도 빠뜨리지 않고, 하지 않아야 할 말은 절대로 입에 담지 않는다. 즉 말에 절도가 있는 것이다. 이런 사람은 대부분 보수적이고 근엄하며, 매우 신중해 보인다. 그러나 간혹 고집불통이고 세상물정 모르는 사람이라는 느낌을 줄수도 있으니 주의해야 한다.

둘째, 부분적인 것에서 전체를 볼 줄 알아야 한다. 직장에서 만나는 적지 않은 사람들이 사소한 일을 맡는 것을 싫어한다. 당신 자신이 그럴 수도 있고, 혹은 다른 사람이 그럴 수도 있을 것이다. 이런 상황이 빚어진 이유는 당신의 재능을 파악하지 못한 리더나 동료가 처음부터 당신에게 큰일을 맡기려고 하지 않기 때문이다. 이때 우리가 할 수 있는 일이라고는 자신이 맡은 일을 최선을 다해 해내는 것뿐이다. 세계적인 영화감독 왕자웨이王家卫는 "성공이란 단순한 일을 최고 수준으로 해내는 것이다"라고 했다. 한걸음에 하늘을 오를 수 있는 사람은 없다. 태산에서 일출을 보려면 어두운 밤에 한 걸음을 옮기는 외로움을 견뎌내야 한다.

한 사람이 디테일에 얼마나 집중하는지를 보면 그가 상황을 얼마나 장악하고 있는지 엿볼 수 있다. 어떤 사람은 직장에서 대충대충 일한다. 커다란 줄기만 볼 뿐 디테일과 이른바

'잡일'에는 소홀하다. 그러면 결국 원래 목적과는 전혀 다른 결과를 낳을 뿐이다. 옛사람들은 "반걸음을 내딛지 않으면 천리에 다다를 수 없다(不積跬步, 無以致千里)"라고 말했다. 간혹 작은 일부터 시작하지 않고 크고 좋은 것만 원하는 식으로 걷지도 못하는데 먼저 날려고 하는 사람이 있다. 이런 사람은 크게 성공하기 어렵다.

작은 일에 대한 관심은 리더가 인재를 발견하는 기준이 된다. 마찬가지로 이것은 주위 동료나 친구들이 사귈 만한 사람인지 판단하는 기준이 될 수도 있다.

셋째, 몸의 움직임으로 속마음을 꿰뚫어보아야 한다. 사람이 바깥으로 정보를 전달할 때 언어가 맡는 부분은 대략 7퍼센트이고, 소리의 높낮이가 38퍼센트, 그 밖의 것, 즉 사지와 동작으로 표현하는 것이 55퍼센트다. 그러므로 사람을 만날 때는 상대방의 동작을 자세히 관찰할 필요가 있다.

악수는 매우 기본적인 에티켓이다. 또한 악수는 다른 사람의 속마음을 관찰하고 잠재된 성격을 엿볼 수 있는 절호의 기회다. 악수를 할 때 손바닥이 건조한 사람은 성격이 비교적 명랑하다고 볼 수 있다. 그러나 한편으로는 그가 이 만남에 별다른 흥미가 없다는 사실을 나타내줄 수도 있다. 반대로 손바닥이 축축한 사람은 대개 내성적이다. 그러나 이것은 그가 이

만남 때문에 매우 긴장하고 두려워하고 있음을 나타내주는 사실이기도 하다. 또한 악수를 할 때 손바닥이 위로 향하는 사람은 온화하고 다가서기 쉽다. 그러나 손바닥이 아래로 향하는 사람은 호승심이 있고 자존심도 강하다. 또 손가락만 뻗어 악수하는 사람은 세상물정에 밝지만 탐욕스럽고, 아랫사람을 부리듯 남을 멸시하기를 좋아한다.

모든 직업, 특히 서비스업 종사자는 늘 미소를 지어야 한다. 미소를 짓는 것은 어렵지 않다. 그러나 언제 미소를 짓고 언제 미소를 풀지 판단하기란 쉽지 않다. 직장에서는 남을 판단할 때도, 사람들과 교류할 때도 주의를 기울여야 한다. 냉정과 열정의 기준을 세우고 둘 사이의 경계를 잘 지키는 사람은 긍정적인 에너지를 전달한다. 진심에서 우러나오는 미소는 호감을 준다. 미소는 다른 사람에 대한 이해와 관심, 사랑을 표현할 수 있으며, 분발하는 자를 격려하고 뒤따르는 자에게 용기를 주고, 차가운 마음에 온화한 바람을 안겨준다.

말하고 일할 때의 디테일과 행동은 그에 따른 독특한 분위기를 만들어낸다. 이것으로 한 사람의 성격, 속마음, 사고방식을 판단하는 것은 반드시 필요한 일이기도 하다.

동서고금을 통틀어 큰일을 이루고 관계를 매끄럽게 처리한 사람은 대부분 인물의 됨됨이를 판단하는 데 고수였다. 일하는 모습으로 사람을 알아보는 것이다. 옳고 그름을 가리는 것을 보고 그 사람의 뜻을 알고, 언변을 보고 임기응변력을 알며, 지모智謀를 통해 식견을 알고, 어려움을 당했을 때를 보고 용기를 알며, 술에 취했을 때를 보고 성격을 알고, 이익을 대하는 것을 보고 도량을 알며, 일을 하는 것을 보고 믿을 만한 사람인지 알 수 있다. 앞서 말했듯이, 직장에 몸담은 사람에게 사람을 아는 기술은 반드시 필요한 기본적인 기술이다. 사람을 잘 알아야 뜻을 펼칠 수 있고, 사람을 잘 알아야 사람을 잘 쓸 수 있기 때문이다.

책임만으로
충분하지 않다

　　'필부유책匹夫有責'은 명말 청초의 사상가이자 문학가인 고염무顧炎武가 쓴 『일지록日知錄』에서 나온 말이다. 그는 여기서 "천하를 안정시키는 책임은 미천한 보통 사람에게도 있다"라고 썼다. 말 그대로 보통 사람에게도 사회에 대한 책임이 있다는 말이다. 미국의 사회학자인 킹즐리 데이비스Kingsley Davis도 "사회적 책임을 포기하는 것은 스스로 이 사회에서 더 잘 살아갈 수 있는 기회를 포기하는 것을 뜻한다"라고 말했다. 우리는 이 세상에서 서로 다른 역할을 맡고 있다. 역할이 바뀌면 그에 상응하는 책임을 져야 한다. 부모에게는 아이를 기를 책임이 있고, 자녀에게는 부모를 공양할 책임이 있다. 장사를 하는 사람에게는 신의를 지킬 책임이, 의사에게는 죽음에 처한 사람을 구하고 다친 사람을 돌볼 책임이 있다. 교사에게는 인재를 기르고 가르칠 책임이 있고, 군인에게는 국가안보를 지킬 책임이 있다. 마찬가지로 직장인이라면 직장에서 자신의 직무를 다할 책임이 있을 것이다.

책임이란 무엇인가? 책임은 기본적으로 책責과 임任이라는 두 가지 측면으로 분석해볼 수 있다. '책'은 자기에게 주어진 일을 하지 않았을 때 그 결과에 용기 있게 책임을 지고 응당한 처분을 받는 것을 뜻한다. '임'은 주도적으로 일을 맡아 최선의 노력을 다해 임무를 완수하며, 그에 상응한 격려와 영예를 받는 것을 뜻한다.

책임은 객관적이다. 개인의 생각에 따라 바뀌는 것이 아니다. 책임은 또한 생존의 법칙이다. 책임을 지는 것은 생명의 무게, 생명의 가치를 지는 것과 같다.

2009년 11월, 중국 난징과 청두 지역에 이와 관련한 감동적인 일이 일어났다. 11월 19일 오후 2시 반, 버스 운전사 셰얼시謝二喜가 승객을 태우고 중화로를 따라 운행하고 있을 때였다. 산산제 정거장에 가까워졌을 무렵 그는 갑자기 몸이 이상하다는 것을 느꼈다. 순식간에 손발이 굳어졌고 의식이 흐릿해졌다. 그 순간 셰얼시는 놀라운 의지로 급브레이크를 밟고 차를 한쪽에 세운 뒤 문을 열었다. 그러면서 비상등을 켜 승객이 안전하게 차에서 내리도록 했다. 당시 그는 구토가 심해진 상태였다. 셰얼시가 운전석에서 의식을 완전히 잃고 쓰러졌을 때도 그의 발은 여전히 브레이크 패달을 밟고 있었다. 셰얼시의 행동은 의학적으로 보면 거의 기적에 가까운 일이다. 이런 기적을 만들어낸 것은 바로 셰얼시의 책임감이다. 버스 기사로서 그의 책임은 바로 승객을 안전하게 목적지까지 이동시키는 것이었다. 셰얼시는 생명이 위급한 순간에도 자신의 책임을 분명히 인지하고 있었고, 사력을 다해 그것을 지키려고 노력했다.

우리는 저마다 위대하지 않거나 부유하지 않을 수 있다. 그러나 결코 책임에서 자유로운 사람은 없다. 우리가 몸담고 있는 오늘날의 직장을 정밀한 측정기라고 상상해보자. 그 안에 있는 모든 조직 구성원은 서로 맞물린 톱니바퀴다. 그중 하나라도 톱니바퀴가 헐거워지면 정상적인 작업에 영향을 주고, 심지어 심각한 결과를 초래할 수도 있다.

각각의 직위에 대해 규정해놓은 일의 성격이 바로 책임이다. 당신이 어떤 일을 선택했다면 바로 그 책임을 맡기로 선택한 것과 같다. 전력을 다해 자신이 맡을 일을 하고, 무엇을 하든 능동적으로 받아들이는 직업의식을 발휘해 자신과 자신의 일에 책임을 져야 한다. 만약 누군가 일정한 책임을 끌어안을 수 있다면, 나중에는 좀 더 큰 책임을 부여받을 수 있게 될 것이다. 아랫사람이 되는 것을 싫어하는 사람은 리더가 될 수 없고, 졸병이 되는 것을 싫어하는 군인은 장군이 될 수 없다. 직장에서 주도적으로 일하고 자신의 업무 태도를 가다듬고 열정을 다해 동료를 돕고 상사와 스트레스를 나누는 것이야말로 사명을 다하는 것이다. 자신의 사명을 용기 있게 떠맡은 사람은 더 많은 기회를 얻을 수 있다. 책임지기를 두려워하는 사람은 사회에서 인정받을 수 없고, 동료와 친구에게 존중받지 못한다. 더욱 발전하고 싶다면 먼저 자신의 책임을 다해야 한다.

좋은 직원이라면 다음과 같이 할 수 있어야 한다. 적극적인 업무 태도를 유지하고 이를 위해 별도의 에너지를 쏟으며, 남을 돕고 함께 일하기를 즐길 줄 알아야 한다. 자신의 업무가 아닌 일이라도 기꺼이 맡고 다른 사람의 스트레스를 줄이려고 노력해야 한다. 공동의 목표를 위해 노력하고 그 목표를 위해 적극적으로 움직여야 한다.

직장에서 개인의 능력이 뛰어나지 않은 것은 아무런 문제가 되지 않는다. 에너지를 채울 시간은 충분하다. 말을 잘하지 못해도 상관없다. 성과가 좋다면 충분히 상사의 주목을 끌

수 있다. 그러나 만약 책임감이 없다면 아무도 당신과 일하려 하지 않을 것이고, 더는 발전하기 어렵다. 회사는 하나의 집합체다. 만약 회사에 속한 모든 사람이 회사의 발전을 자신의 책임으로 생각한다면 "회사의 존망은 필부에게도 책임이 있다"는 말을 진정으로 실현할 수 있을 것이다. 생각해보라. 모든 직원이 주도적으로 책임을 떠맡고 전력을 다해 자신의 일에 임한다면 그 회사는 순조롭게 발전할 것이다. 전체 임직원이 진심으로 협력하는데 어떻게 번창하지 않을 수 있겠는가?

책임을 맡으려면 먼저 자신이 책임져야 할 것이 무엇인지를 명확히 설정하고 업무 목표를 똑바로 세워야 한다. 자신의 책임을 다하는 것은 자기가 내놓는 결과물을 책임지는 것뿐 아니라 스스로 결정한 선택에 대해 책임을 지는 것이다. 타인의 책임에 대해서는 어떤 명목으로도 타인에게 상처를 주지 말아야 한다. 상대방과 그의 선택을 존중하는 법을 배워라. 상대방을 받아들이는 법을 배우면 사랑하는 마음이 생긴다. 조직에 관심을 가지고 조직의 영예를 위해 적극적으로 참여하고 자신의 의무를 다해야 한다. 함께 누리는 법을 배우고 함께 집단의 문제를 책임져야 한다.

그런 다음 매일 조금씩 더 나아가라. 세상에 완벽한 순금은 없고, 마찬가지로 완벽한 사람도 없다. 일을 하다 보면 어느 순간 다양한 문제와 맞닥뜨리게 된다. 다양한 실수도 생길 수 있다. 이런 상황에서 자신감을 잃거나 높은 이상만 추구해서 조급하게 성공을 이루려 해서는 안 된다. 그럴 때일수록 우리에게 필요한 것은 매일 조금씩조금씩 나아가는 것이다. 예를 들어 글을 쓸 때 조금 더 부드럽게 다듬고, 편집을 할 때 골격을 좀 더 상세하게 짜며, 그림을 그릴 때 좀 더 정밀하게 수정하는 것이다. 동시에 매일 자신이 더 할 수 있는 일은 없는지 스스로 물어야 한다.

우리가 하는 작은 일은 사소한 것으로 이루어져 있다. 작은 일을 소홀히 해서 스스로를 망쳐서는 안 된다. 일을 대할 때도 마찬가지로 디테일에서 시작해야 한다. 대부분의 직원들은 가슴속에 저마다의 이상을 품고 있다. 그러나 성공은 몹시 작은 노력이 쌓인 결과물이다. 너무 사소해서 말하기조차 어려운 디테일에서 비롯하기도 한다. 디테일에서 시작한다는 원칙을 따르지 않으면 결국 아무것도 이루지 못한다. 작은 일 하나하나에 충실해야 책임감을 실현할 수 있다. 우리가 자신의 업무와 책임을 다하는 것이야말로 회사에 대한 최고의 공헌이다. 모든 일에서는 하나의 과정이 또 다른 과정을 만들어낸다. 작은 일에서 시작하고 디테일에서 착안해야 사업과 인생에서 성공을 거둘 수 있다.

자신의 일에 책임을 지는 것은 본질적으로 자신을 책임지는 것과 같다. 리더에게 인정받고자 한다면 먼저 스스로 자신을 인정하고 자기관리를 철저히 해야 한다.

첫째, 시간을 관리하라. 얼마나 많은 시간을 일하는 데 쓰는지, 얼마나 많은 시간을 쉬는 데 할애하는지 따져서 합리적으로 분배해라. 어떤 일을 하는 데 드는 시간을 계산해보라. 시간은 결코 사람을 기다려주지 않는다. 그러므로 시간을 '가장 중요한 것'에 쏟아야 한다. 이를 위해서는 늘 스스로 시간을 합리적으로 쓰고 있는지 질문해야 한다.

둘째, 목표를 관리하라. 자신의 실력에 적합한 목표를 세워라. 목표가 너무 낮으면 도전의식을 잃고, 반대로 목표가 너무 높으면 이룰 수도 없고 현실적이지도 않다. 목표를 세울 때는 상황에 맞추어야 한다. 자신이 노력해서 이뤄낼 수 있는 것이어야 가장 좋다. 나아가 일단 목표를 세우면 어떤 일에도 흔들림 없이 그것을 완수해라. 다른 이유를 대며 목표를 포기하거나 게으름과 두려움 때문에 회피해서도 안 된다.

셋째, 약속을 지켜라. 책임을 지는 것은 자기 자신에 한정된 일이 아니다. 더 중요한 것은 자신이 말로 내뱉은 약속을 책임지는 것이다. 인간관계에서 책임을 지는 기본 수단은 약속을 성실히 지키는 것이다. 일단 승낙한 것은 어떤 이유로든 회피하지 마라.

윈스턴 처칠Winston Churchill은 이렇게 말했다. "전력으로 책임을 다한다면 그 결과에 상관없이 우리는 모두 승자다. 그 과정에서 우리는 만족을 얻고 승리자가 되기 때문이다." 용기 있게 책임을 지는 것은 우리 삶의 최고 가치를 지키는 일일 뿐 아니라, 우리 안에 은밀히 숨겨진 위대한 광채를 지켜내는 일이다. 일상생활과 직장 생활에서 책임을 지는 습관이 자리를 잡으면, 우리는 모두 성공한 삶을 살 수 있을 것이다.

직장에서 배우고
익힌다는 것

격물치지格物致知는 유교에서 매우 중요한 철학적 개념이다. 유학계에서는 격물치지와 관련한 논쟁이 천 년 넘게 이어지고 있다. 『현대중국어사전』에서는 '격물치지'를 이렇게 해석한다. "사물의 원리와 법칙을 궁구해 이성적인 지식으로 완성해낸다." 그런가 하면 『대학大學』에서는 "'격格'은 '이르다'이다. '물物'은 '일'과 같다. '치致'는 '극한까지 밀다'이다. '지知'는 '지식'과 같다"라고 풀이했다. 북송北宋의 주희朱熹는 "이른바 앎에 이르는 것은 사물을 밝히는 데 있다. 이것은 내가 앎을 이루고자 한다면 사물에 임해 그 이치를 궁구하여야 한다는 말이다"라고 했다. 이는 '격물치지'에 대한 가장 정확한 표현이다. 지식을 최대한 넓히고자 한다면 앎에 다함이 없기를 바라야 한다. 사물의 이치를 궁구하고자 한다면 그 극한까지 닿지 못하는 곳이 없어야 한다. 주희의 해석을 바탕으로 살펴보면, '격물'이란 바로 어떤 것에 임해 그 이치를 연구하고, 모든 것을 명확히 파악하고 극의를 탐구하는 것이다. 또 '치지'란 진정 현명한 사람이 되는 것이며, 어떤 일을 행하는 데 털끝만큼의 모호함이 있어서도 안 된다는 뜻이다. 직장에서도 '격물치지' 정신이 필요하다. 그러하다는 것을 아는 것은 물론, 왜 그러한지 알기 위해서 우리가 맞닥뜨리는 모든 것을 자세히 관찰하고 공부할 필요가 있다.

직장에서는 우리가 하는 대부분의 행위가 본보기가 될 만한 것을 배우고 사고하는 과정을 통해 이루어진다. 공자는 일찍이 "삼인행, 필유아사언三人行, 必有我師焉"이라고 말했다. 세 사람이 함께 가면 그중에 반드시 내 스승이 있다는 뜻이다. 직장에서 모든 일을 완벽하게 해내는 사람은 없다. 매 단계에서 우리는 개인으로서는 풀 수 없는 문제를 마주하기도 한다. 예를 들어 회사에 있는 하드웨어와 소프트웨어 사용 기술, 시장 보고서 편집, SWOT 분석 등의 문제에 맞닥뜨렸 때 우리가 할 수 있는 일은 먼저 그런 일을 해내는 사람을 자세히 관찰하고 나와 남의 다른 점을 비교 분석해서 익히는 것이다.

동서고금을 통틀어 무릇 큰일을 해낸 사람은 관찰, 모방, 그리고 학습이라는 단계를 거쳤다. 기 드 모파상Guy de Maupassant은 19세기의 비판적 사실주의 작가이다. 사람들은 일생 동안 많은 작품을 만들어낸 그를 '단편소설의 제왕'이라고 부른다. 모파상은 어려서부터 글쓰기를 좋아했고 청년기에 이미 많은 작품을 써냈다. 물론 대부분 평범했고 별다른 특색이 없었다. 그러나 모파상은 결코 조급해하지 않았다. 그러다 친구의 추천으로 당시 프랑스의 유명 문학가인 귀스타브 플로베르Gustave Flaubert를 스승으로 삼게 된다.

모파상은 플로베르에게 자신의 고충을 털어놓았다. "저는 이미 많은 책을 읽었는데 어째서 제가 쓴 문장은 생동감이 부족할까요?" 플로베르는 이렇게 답했다. "그건 아마도 자네 공부가 아직 모자란 까닭이겠지." "그럼 어떻게 하면 공부를 이룰 수 있습니까?" 모파상은 연이어 되물었다. "글을 쓰기 위해서는 세밀하게 관찰하고 일정한 기술을 익혀야 하는 법이네. 자네 집 앞에 늘 마차가 지나다니지 않는가? 매일 문 앞에 서서 마차가 지나다니는 모습을 상세하게 기록해보게."

그 뒤 며칠간 모파상은 문 앞에서 서서 마차가 오가는 것을 지켜보았다. 첫째 날, 둘째 날에 이어 계속해서 지켜보았지만 쓸 것이 하나도 떠오르지 않았다. 모파상은 다시 플로베르를 찾아갔다. 플로베르는 이렇게 말했다. "어떻게 쓸 것이 없단 말인가? 호화로운 마차와 검박한 마차가 달리는 모양새가 똑같단 말인가? 봄바람이 불 때와 비가 내릴 때의 마차가 똑같단 말인가? 비탈을 오를 때 말이 어떻게 힘을 쓰던가? 내리막길에서는 마부가 또 어떻게 외치던가? 마차에 올라탄 사람들은 표정이 똑같던가? 이런 것들을 상세하게 쓸 수 있지 않겠는가? 이것 보게. 글쓰기란 열정적인 관찰을 통해 다양한 각도로 묘사하는 법을 배우는 것이네. 그런데 어떻게 쓸 것이 없다고 말할 수 있는가?"

그 말에 깨달음을 얻은 모파상은 관찰과 학습을 통해 글쓰기 수준을 크게 끌어올렸고 마침내 거장의 반열에 올랐다.

오늘날 직장에서 일하는 우리들도 모파상과 마찬가지다. 일하는 과정에서 세밀하게 관찰하고 익히면 얻는 것이 있고 일정한 성과를 거둘 수 있다. 교육학자 바실리 수호믈린스키Vasily Sukhomlinsky는 이런 명언을 남겼다. "학습과 관찰은 필수 불가결하다. 마치 햇빛과 공기와 물이 식물에 필수 불가결한 것과 같다." 관찰과 학습은 사람이 앞으로 나아가는 데 가장 중요한 에너지다. 관찰과 학습을 개개인에 적용하면 비행기의 양날개와 같다고 말할 수 있고, 자전거로 치면 두 바퀴라고 할 수 있다. 즉 직장에서 무언가를 이루고 싶다면 두 가지 모두 빠뜨려서는 안 된다. 학습이라는 요소를 놓치면 창조력을 배양하는 기름진 토양을 잃는 셈이 된다. 그러므로 개인의 발전은 나아갈 동력을 잃는다. 한편 관찰이라는 요소를 빠뜨리면 학습이 이루어질 수 없고, 따라서 학습이 원래 가지고 있는 의미를 잃고 만다. 자연히 발전 가능성도 사라진다.

사실 일을 하는 데 관찰과 학습이 필요하다는 사실을 많은 사람이 알고 있다. 그러나 그들이 간과하는 것은 관찰과 학습도 몇 가지 단계로 나뉜다는 사실이다. 맹목적으로 모방만 해서는 결코 안 된다. 이 과정에서 우리가 배워야 할 것은 판단력, 인내력, 창조력, 강화력이다.

일을 할 때 맹목적으로 모든 지식과 기술을 익히려 해서는 안 된다. 그렇게 되면 현실적이지도 않고 합리적이지도 않다. 눈앞에 있는 어떤 일을 판별해내는 능력이 필요하다. 이 과정에서 두 가지 요소가 영향을 끼친다. 첫째는 관찰자 자신의 특징이다. '현재의 기초적 조건이 어떤 일을 판별하는 데 도움을 줄 수 있는가?' '어떤 것이 자신의 발전에 도움이 되는가?' '자신에게 부족한 점은 무엇인가?' 둘째는 모범으로 삼은 사람의 특징이다. 즉 '시범 행위가 명확한가?' '혹시 복잡하지는 않은가?' '다른 사람이 쉽게 배우고 깨달을 수 있는가?'

관찰을 통해 자신에게 부족한 것을 깨달은 뒤에 할 일은 학습 모방 과정이다. 이것은 말하기는 쉽지만 행동에 옮기기는 어렵다. 왜냐하면 처음에 품었던 열정이 조금씩 사라지고, 오랫동안 성과가 나오지 않으면 의욕을 잃고 관찰과 학습을 중단할 수 있기 때문이다.

소크라테스는 수업 첫날 팔을 휘두르는 동작을 선보인 다음 학생들에게 집에 돌아가서 매일 같은 동작을 여러 차례 반복하라고 요구했다. 일주일이 지났을 때 소크라테스는 강당에서 얼마나 많은 사람이 그 일을 지속하고 있는지 물었다. 그러자 절반 정도가 손을 들었다. 한 달이 지나자 소크라테스는 다시 한 번 같은 질문을 던졌다. 이때는 3분의 1 정도가 손을 들었다. 반년 뒤, 소크라테스가 다시 이 질문을 던졌을 때 오직 한 사람만 손을 들었다. 이 사람이 바로 훗날 위대한 철학가가 된 플라톤이다. 아무리 사소한 일이라도 꾸준히 지속해나가면 큰일이 된다.

아무리 평범한 일이라도 해내기만 하면 결코 평범하지 않게 된다. 관찰과 학습의 실행 과정에서 가장 간단한 사실은 이것이다. 어떤 일이라도 마음만 먹는다면 누구나 그것을 해낼 수 있다는 것이다. 반면 가장 어려운 것은 지속하는 행위 자체이다. 그런 까닭에 철두철미하게 관찰하고 학습하는 사람은 몇 되지 않는다.

학습과 모방 이후, 그러니까 재창조 과정에서는 앞에서 배운 것들을 한데 묶고 소화하고 흡수해서 자기 것으로 만들어야 한다. 19세기 후반 양무운동洋務運動 초기에 "오랑캐의 장점으로 오랑캐를 제압하자(師夷長技以制夷)"라는 구호가 있었다. 사실 직장에서의 관찰과 학습에도 이 말을 적용할 수 있다. 학습을 통해 자신의 기술을 갈고닦아 문제를 해결하라. 모든 사람의 처지가 다 똑같은 것은 아니다. 그러므로 어떤 일에 대한 해결 방법은 각각 다르다. 관찰하고 학습할 때 맹목적이고 기계적으로 접근해서는 안 된다. 가장 좋은 방법은 자신의 특성을 잘 살리고 구체적인 현실에 들어맞는 개성 있는 해결 방안을 찾는 것이다. 복잡다단한 해결 방법 속에서 자신만의 것을 찾는 것이야말로 진정한 성공이다.

앞의 세 단계는 우리가 무엇을 관찰해야 하며, 어떻게 지속적으로 학습하고 재창조해야 하는지를 말해준다. 마지막 단계는 지식을 총정리하고 기술을 숙련하며 체계적으로 이해하는 것이다. 그럼으로써 실제 직장 생활에서 부딪치는 비슷한 문제를 해결하는 것이다. 강화强化는 두 가지 유형으로 나눌 수 있다. 첫째는 현재 자신의 행위와 과거 자신의 행위, 모범이 되는 행위를 서로 비교한 뒤, 그 전후의 차이점을 찾는다. 관찰과 학습 이전 그리고 현 단계에서의 차별성을 파악하고 가까운 미래의 발전 정도를 예상하는 것이다. 그럼으로써 자신감을 재구성할 수 있다. 둘째는 자기 강화이다. 이 기간 동안의 학습과 관찰을 바탕으로 삼아 앞으로 이어지는 행동 방향을 예측하고 피드백 정보에 근거해 반성하고 격려하는 것이다.

큰 물결은 모래와 자갈을 씻어낸다. 황금은 진흙과 모래 속에서 차츰 쓸리고 닦이며 마침내 찬란한 빛을 발한다. 마찬가지로 우리도 직장에서 끊임없이 자신을 갈고 닦아야 한다. 관찰과 학습을 거쳐 발전해나가야 비로소 격물치지에 이를 수 있다.

사람과 사람 사이에
알맞은 거리가 있다면

      유교에서는 어버이를 사랑하는 것(愛親)을 근본으로 삼으라고 말한다. 그와 동시에 타인을 사랑할 줄 알아야 한다고도 말한다. 유교가 낳은 거작 『예기禮記』는 처음부터 끝까지 "천하는 만민의 것이다(天下爲公)" "홀로 자기 어버이만 친애하지 않고 홀로 자기 자식만 사랑하지 않는다(不獨親其親, 不獨子其子)" "재물과 힘을 자기 자신을 위해서만 쓰지 않는다(貨力不必爲己)"라고 말하고 있다. 그러나 현실에서 우리는 어쩔 수 없이 타협하게 된다. 즉 천하가 자기 것인 줄 착각하고, 자기 어버이만 친애하고 자기 자식만 사랑하며, 오직 자기 자신을 위해서 재물과 힘을 쓴다. 어버이를 사랑하면서 동시에 타인을 사랑하는 문제에 있어서 『예기』는 명쾌한 답안을 내놓지 않는다. 그러나 후대 성리학자들이 맹자의 사상을 계승하면서 "천하는 만민의 것"과 "나만을 위하는 사사로움(爲我之私)"에 대한 새로운 해석을 내놓았다. 또한 이를 통해 유학을 감히 비견할 수 없는 높은 경지에 올려놓았다. 직장에서 성공하려면 어떤 면에서는 개인의 능력도 중요하지만 직장 내 인간관계 또한 무시할 수 없는 부분이다. 우리는 직장에서 무수히 많은 '관계'의 시험에 부딪친다. '사사로운 이익'을 추구할 것인지 '공공의 이익'을 추구할 것인지 명확히 판단하는 것은 쉬운 문제가 아니다. 여기에서는 맹자의 사상을 빌려 이 문제를 해결하는 지혜를 길러보도록 하자.

어떻게 인간관계를 다룰지 묻기 전에 먼저 직장에서 인간관계가 도대체 어떤 작용을 하는지 파악해보자. 그렇지 않으면 이런 토론은 샘이 없는 물줄기나 뿌리가 없는 나무처럼 되기 쉽다. 심리학적 측면에서 보면 우리는 모두 다른 사람에게 사랑받기를 원한다. 이는 인간의 사회적 속성에 따라 결정되는 것이다. 어쨌든 인간은 무리를 떠나 홀로 살아갈 수 없다. 교사는 학생들의 인기를 얻고 싶어 하고, 학생은 교사의 사랑을 받고 싶어 한다. 타인이 자신을 인정하는 것은 개인적 가치를 증명하려는 욕구와 연결된다. 마찬가지로 인간관계는 직장 생활에서 매우 중요한 숙제이다. 공공기관이나 대기업에 다니는 사람이라면 특히 그러하다. 원활한 인간관계는 원만한 직장 생활의 필수조건이다. 요즘 직장에 들어가는 신입사원들은 대부분 외아들이거나 외동딸이다. 이제 막 대학이라는 상아탑을 벗어나 사회로 들어가는 까닭에 자의식도 강하다. 이런 환경에서는 인간관계를 잘 처리하는 것이 더욱 중요해진다.

직장에서 우리는 서로 다른 환경에서 서로 다른 사람과 부딪친다. 극도로 다양하게 변화하는 환경에서 흔들리지 않고 일하려면 반드시 자기 자신과 동료, 상사와 거리를 잘 유지해야 한다. 이것 역시 우리가 '사익'과 '공익'이라는 두 가지 길 중에서 하나를 선택해야 하는 핵심 문제이다.

나는 당신이 고슴도치처럼 처신하기를 권한다. 추운 겨울이면 고슴도치들은 추위에 덜덜 떨면서 여러 번의 시행착오를 거쳐 마침내 적당한 거리를 찾아낸다. 서로 온기를 유지하면서도 상대를 찌를 염려가 없는 거리 말이다. 이것이 바로 고슴도치가 관계를 처리하는 방법이다. 이와 마찬가지로 오늘날 직장에서는 다음과 같은 세 가지 원칙을 지켜야 한다.

첫째, 군자의 사귐은 담백하여 물과 같아야 한다. 군자 사이의 왕래에서는 우정과 신의가 중심이 된다. 사귀는 과정에서 서로 존중하고 이해하며 관용한다. 이런 사귐은 독한 술처럼 강렬한 느낌은 아니지만 맑은 차처럼 담담하다. 담담함 가운데 맛이 있으니 두 사람의 사귐도 천천히 그 향기에 젖어든다. 그러므로 직장에서든 가정에서든 사회에서든, 담박한 군자의 사귐이야말로 가장 아름다운 인간관계를 유지할 수 있는 근본이다.

그러나 여기서 '담박함'의 기준을 세우기는 무척 어렵다. 어떤 관리자는 다른 사람들을 믿지 않고 엄격하게 대하며, 오직 친척이나 동창만 무턱대고 신임한다. 이런 사람의 눈에 비친 '외인外人'이란 기업에 융화하거나 기업을 위해 일한다기보다는 그저 돈을 벌기 위해서만 일하는 사람이다. 그러나 기업이 발전하면서 내부의 인원은 정형화되기 마련이고 새로운 피가 부족해지면 점차 활력을 잃는다. 반면 어떤 관리자는 아랫사람들과 허물없이 지내는 것을 좋아한다. 그러면서 결과가 좋다면 모르지만, 술을 마시다가 일을 그르치거나 서로 호형호제하다 도저히 관리할 수 없는 상태에 이르기도 한다. 엄격하게 관리하면 사이가 틀어져 원수지간이 되기 쉽다. 반면 느슨하게 관리하면 체계를 잃는다.

북송 시대의 재상 사마광司馬光은 높은 자리에 있을 때 오랜 벗 유원성劉元城을 집현원 자리에 천거했다. 사람들은 사마광이 작당하여 사리사욕을 꾀한다고 비판했다. 심지어 사마광이

유원성에게 왜 그를 천거하는지 아느냐고 물었을 때 유원성은 이렇게 답했다. "옛정을 생각해서 그런 것 아니겠는가?" 그러나 사마광의 생각은 사람들이 예상한 것과는 크게 달랐다. "내가 집에서 소일하고 있을 때 그는 내게 자주 인사를 하고 안부를 물었네. 하지만 내가 재상이 된 이후 그는 내게 다시는 안부를 묻지 않았지. 이것이야말로 내가 그를 천거하는 진짜 이유일세."

사마광과 유원성의 사귐은 이익과는 무관하다. 직장에서 성공을 거둔 대부분의 사람들도 사실은 이와 같았다. 인간관계에서 그들이 숭상하는 것은 능력과 품성이며, 군자의 사귐과 같은 담백함을 즐긴다. 현대 기업에서 상사와 부하, 동료, 고객, 거래처를 대할 때 '담백함'의 기준을 파악하기란 쉽지 않지만 그래도 이것은 포기할 수 없는 가치다. 사적인 감정에 판단이 휘둘려서는 안 된다. 최선을 다하면 이것 역시 일정한 경지에 오를 수 있다. 그러나 똑똑히 새겨두어야 할 점이 있다. 일부러 가까운 친구나 사적인 모임을 만들고 지나치게 자주 교류하려 해서는 안 된다. 직장에 몸담은 이상 기준을 잘 잡고 공과 사를 구분할 줄 알아야 한다.

둘째, 물 사발을 반듯하게 들어 공평히 처리해야 한다. 물한 동이를 이고 길을 가면 조금만 흔들려도 물이 튀고 옷이

젖는다. 직장에서도 이와 같다. 만약 인간관계를 잘 처리하지 못하고 모두에게 공평하게 응대하지 못하면 혼란한 인간관계에 휘둘릴 것이다. 직장 생활의 미래도 이로 인해 제약을 받게 된다.

물동이를 잘 이고 가는 것은 상대방의 자존심과 체면을 완전히 무시하라는 말이 아니다. 울퉁불퉁한 길에서는 상황 변화에 맞추어 물동이를 이는 각도를 조정해야 한다. 직장에서도 마찬가지다. 원칙과 관련된 문제에서는 절대로 흔들려서는 안 된다. 그러나 원칙과 관련되지 않는 문제에서는 동료를 조금 도와도 무방하다. 공정하게 처리할 수 없는 일이라면 아예 하지 말거나 하려거든 반드시 방법과 전략에 주의를 기울여야 한다. 삶에서 물동이를 이는 것은 하나의 기술이다. 그러나 직장에서 인간관계를 처리하는 것은 단순한 기술이 아니다. 그것은 어쩌면 우리가 지속적으로 계발해야 할 예술의 영역이다.

셋째, 적당한 거리를 확보해야 한다. 장미는 매혹적이지만 꽃을 따려면 반드시 상처가 남는다. 별로 가득 찬 하늘은 신비롭지만 그 안으로 들어가면 울퉁불퉁한 기암괴석을 만날 뿐이다. 인도의 시인 라빈드라나드 타고르Rabindranath Tagore는 이런 시를 남겼다.

강의 이편에서 남몰래 탄식한다.

"나는 알고 있네. 모든 즐거움이 강 건너에 있다는 걸."

강의 저편에서는 장탄식을 내뱉는다.

"아, 어쩌면 행복이란 강 건너에만 있는 것인지 몰라."

영화관에서는 스크린에서 적당히 떨어진 자리에 앉아야 관람하기가 좋다. 만약 거리라는 게 없다면 우리가 볼 수 있는 것은 시커먼 배경밖에 없을 것이다. 마찬가지로 적당히 거리를 유지해야 비로소 상대방의 아름다움이 눈에 들어온다. 모든 사람에게는 각각 장단점이 있다. 서로 적당한 거리를 유지해야 공정하게 타인을 대할 수 있다. 직장 내에서의 인간관계는 더욱 그렇다. 너무 가까우면 상대가 잘못을 해도 처리하기가 불편하다. 게다가 '끈'으로 엮여 있다는 오해를 불러일으킬 수도 있다. 반면 너무 거리가 멀면 혼자만 고고하다거나 허세만 가득 찬 사람이라는 소리를 들을 수 있다. 무리와 거리를 두면 신뢰가 옅어지기 때문이다.

현대 경영학에서 많은 학자가 이런 친소親疏 문제를 두고 '연애' 이론을 제기했다. 연애를 하는 단계에서 우리는 늘 자신의 좋은 점을 돋보이려 하고, 상대방의 처지에서 생각하며, 좋은 관계를 유지하려 노력한다. 직장 내 인간관계와 연애는 다른 문제지만 원리는 같다. 연애를 하지 않으면 상대방이 당신을 생각할 리 없고 한마음 한뜻이 될 수 없다. 그러다 결혼을 한 뒤에는 서로 허물없이 지내다가 사소한 일로 싸움이 일어날 수 있다. 직장에서 당신이 어떤 사람을 존중하지 않으면 그 사람도 당신을 존중해주지 않는다. 그러나 지나치게 친해지면 작은 마찰로도 큰 분란이 생기고 업무에도 영향을 받을 것이다.

직장 내 인간관계를 처리하는 데 있어 '사익'이나 '공익' 어느 한 가지 기준을 자신이나 타인에게 요구할 수는 없다. 이는 스스로에 대한 불공평이자 타인을 존중하지 않는 행위이다. 직장 내 인간관계는 각자가 처한 환경에 따라 변화되고 조정해야 한다. 조금이라도 치우치는 순간 질이 떨어지기 때문이다. 위에서 말한 세 가지 원칙을 잘 지키고 자신의 본심을 따르는 것이 중요하다.

타인의 세계에
풍덩

앞에서 우리는 '격물치지'에 대해 이야기했다. 그것과 근본이 같은 것으로 '성의정심誠意正心'이 있다. 역시 『대학』에서 나온 말이며 격물格物, 치지致知, 성의誠意, 정심正心, 수신修身, 제가齊家, 치국治國, 평천하平天下라는 수기치인修己治人의 여덟 조목에 속한다. 그 논리는 이렇다. 세상에 광명정대한 재주와 덕행을 드날리려면 먼저 자신의 나라를 잘 다스려야 하고, 나라를 잘 다스리기 위해서는 먼저 자기 가정과 사업을 잘 관리해야 한다. 가정과 사업이 날로 잘되길 원한다면 먼저 스스로 품성을 드높여야 하고, 품성을 수양하기 위해서는 먼저 자신의 마음을 바르게 가져야 한다. 마음을 올바르게 하기 위해서는 먼저 자신의 뜻을 진실하게 해야 하고, 뜻을 진실하게 하기 위해서는 먼저 자신의 지식과 소양을 높여야 한다. 지식과 소양을 높이려면 먼저 만물의 본질을 연구해야 하고, 만물의 본질에 대한 인식과 연구를 통해서야 비로소 지식을 얻을 수 있다. 지식과 소질을 제고한 뒤에야 비로소 진실한 뜻을 가질 수 있고, 뜻이 진실해진 뒤에야 마음을 바로잡을 수 있다. 마음을 바로잡은 뒤에야 품성을 수양할 수 있고, 품성을 수양한 뒤에야 가정과 사업을 잘 꾸릴 수 있다. 가정과 사업을 관리할 수 있어야 나라를 잘 다스릴 수 있고, 나라를 잘 다스려야 비로소 천하가 태평해진다.

이것이야말로 선순환이다. 이것을 현대 직장에 그대로 응용해도 같은 이치가 적용된다. 이 중 진실한 뜻(誠意)과 바른 마음(正心)은 전체 과정을 꿰뚫는 중요한 조건이다. 고금을 통틀어 성공한 사람들은 대부분 이런 과정을 거쳤다. 그런 까닭에 『도덕경道德經』에도 이런 말이 나온다. "덕이 있어야 사람들이 모여들고, 사람들이 모여들어야 영역이 만들어지며, 영역이 만들어져야 돈이 들어온다(有德有人, 有人有土, 有土有財)."

북송의 문인 안수晏殊는 좋은 글(詞)을 쓴 것 외에도, 마음이 바르고 뜻이 참된(正心誠意) 사람으로 유명하다. 당시 어떤 사람이 진종眞宗에게 열네 살이던 안수를 신동이라며 천거했다. 진종은 안수를 만난 뒤 특별히 진사 천여 명과 함께 과거를 볼 수 있도록 허락했다. 그런데 놀랍게도 안수는 그날 과거 시제가 며칠 전에 자신이 쓴 문장이라는 사실을 깨달았다. 진종에게 사실을 고한 안수는 다른 시제를 내줄 것을 청했다. 진종은 안수의 사람됨이 진실하다는 것을 간파하고 그를 과거에 급제시켰다.

안수가 살던 시대는 바야흐로 태평성대였다. 당시 북송은 이렇다 할 전쟁도 없었다. 적지 않은 고관대작이 햇살 좋은 날에 친구 서너 명을 불러 함께 경치 좋은 곳을 찾아 놀았다. 그러나 안수의 집은 가난해서 그런 동료들과 함께 한가롭게 놀 여유가 없었다. 그래서 매일 집에서 책을 읽고 글을 썼다. 어느 날 진종이 안수를 태자에게 글을 가르치는 동궁관東宮官에 임명했다. 진종이 밝힌 이유는 이랬다. "근래 많은 대신들이 먹고 마시는 데만 힘쓰나 안수는 여전히 두문불출하며 책을 읽고 있으니 그의 사람됨이 신중함을 알 수 있다. 안수는 참으로 동궁관에 어울리는 사람이다." 안수는 황은에 감사한 뒤 진종에게 속내를 털어놓으며, 자신도 원래는 놀기 좋아하는 사람인데 집이 가난하다 보니 돈이 없어 어쩔 수 없이 책만 본다고 말했다. 안수의 답변을 들은 진종은 그를 탓하지 않고 오히려 이전보다 더욱 신임하게 되었다.

안수의 진실함은 진종과 대신들의 마음에 좋은 인상을 남겼다. 덕분에 안수는 높은 자리에 오를 수 있었다. 안수가 이룬 성공은 많은 부분에서 그의 뜻이 진실하고 마음이 바르기 때문에 얻어진 것이다. 커다란 이익 앞에서도 안수는 자신의 본심을 잃지 않고 성심성의껏 행동했다. 이것은 안수가 자신을 지키는 마지막 보루였다. 서로 속고 속이는 오늘날의 직장 풍토에서 우리가 중시해야 할 것이 바로 이러한 성실함과 믿음이다. 냉철한 이성으로 부정적인 감정에 맞서 싸우고, 진실한 마음으로 길을 잃고 방황하는 감정을 이끌어야 한다.

직장은 학교와 다르다. 직장 생활을 하다 보면 갖가지 유혹이나 그럴듯한 기회를 접하게 된다. 그러나 그런 유혹 뒤에는 우리의 발전을 가로막는 함정이 숨어 있다. "마음을 바르게 하려거든 먼저 그 뜻을 참되게 하라(浴正其心, 先誠其意)"는 말이 있다. 말하기는 쉽지만 실천하기는 어렵다. 뜻을 참되게 하려면(誠意) 자신과 남을 속여서는 안 된다. 용기를 내어 거울에 비친 자신의 모습을 자세히 살펴야 한다. 자신의 부족함을 용감하게 대면하는 사람은 분명 자신을 바꾸려는 용기 있는 사람일 것이다. 자신을 똑바로 바라볼 수 있는 용기가 없다면 스스로를 관리할 수도, 발전할 수도 없다. 하물며 타인을 감독하고 관리하는 일은 더더욱 불가능할 것이다. 마음을 바르게 하려면(正心) 단정한 마음가짐과 이성으로 자신의 감정을 다스려야 한다. 감정을 조절해 평화로운 중용의 상태에 도달해 이성과 지혜로써 인간의 칠정과 육욕과 희로애락喜怒哀樂을 통제해야 한다. 욕망이 자신의 두 눈을 멀게 두어서는 안 된다. 이런 경지에 도달해야 비로소 '진실한 뜻과 바른 마음'을 갖추었다고 말할 수 있다.

직장은 단순히 일을 하는 곳일 뿐 아니라 사람의 도리를 다하는 곳이다. 그렇다면 어떻게 해야 직장에서 성실하게 일할 수 있고, 어떻게 해야 이성과 지혜로 감정을 제어할 수 있을까?

어떤 사람은 신용을 지키면 그것이 곧 성실함의 증거라고 말한다. 일상생활에서는 이렇게 해석해도 큰 무리가 없다. 그러나 직장에 몸담은 사람이라면 이때의 믿음은 동료 사이의 관계에만 한정되지 않는다. 더욱 중요한 것은 자신의 일에 책임을 질 수 있느냐 하는 문제다. 만약 자신의 능력 범위 안에서 일을 잘하지 못한다면 그것은 성실한 자세라고 볼 수 없다.

결국 직장에서의 신용은 사람과의 관계만을 말하는 것이 아니다. 넓게는 자신의 일에 대한 책임감 있는 태도를 지칭한다. 일을 중심에 놓고 믿음을 얻고 또 믿음을 줄 수 있다면 이것이야말로 성공의 기초다. 생각해보라. 만약 모두 자신의 일에 성실하지 않거나 책임을 지지 않고 무성의한 태도로만 일관한다면, 기업이 어떻게 고객에게 믿음을 얻고 경쟁에서 이길 수 있겠는가?

적지 않은 사람들이 '의리'를 내세우며 파벌을 가르고 무리를 짓는다. 네 일이 곧 내 일이라는 식이다. 그리고 이것이 직장에서 말하는 신용이라고 생각한다. 의리를 직장의 신용이라고 보는 것은 얄팍한 견해에 지나지 않는다. 진정한 신용이란 모든 동료를 공정하게 대하는 것이다. 모든 일을 바른 이치에 맞게 생각하고 동료들과 공통점을 찾아내고 차이점을 보류하며, 다 함께 회사의 발전을 위해 노력해야 한다.

어떤 사람은 자의식이 남달리 강해서 자신이 한 일이 반드시 옳다고 믿는다. 다른 사람의 의견은 듣지 않고 다른 사람의 장점도 알아보지 못한다. 어쩌면 그들이 보기에 이것은 신용과는 무관한 문제겠지만, 앞에서 말했듯이 신용은 개인의 발전과도 관계가 깊다. 자신의 견해에 반대하는 것을 허용하지 않고 누가 뭐래도 자신의 생각대로만 밀어붙이려는 행위는 직장에서의 협력 관계에 영향을 준다. 동료는 당신에 대한 믿음을 잃고 두 번 다시 당신과 소통하려 들지 않을 것이다.

자의식이 강하다는 것은 물론 자신감의 표현이다. 그러나 이것 때문에 다른 사람을 업신여기거나 다른 사람의 건의를 무시하거나 조직 전체의 분위기를 무시해서는 안 된다.

직장에서 능력이 뛰어나고 효율도 높지만 성격이나 습관이 좋지 않은 사람도 있다. 다른 사람들은 도대체 그가 언제 기분이 좋고 언제 기분이 나쁜지 파악할 수조차 없다. 그렇게 되면 그에 대한 동료들의 신용도는 자연히 높지 않을 것이다.

성격과 습관의 좋고 나쁨은 표면적으로는 신용과 그다지 관계가 없는 것처럼 비칠 수 있다. 그러나 성격과 습관은 알게 모르게 신용에 많은 영향을 준다. 그러므로 절대로 자신의 좋지 않은 성격과 습관이 자신과 동료 사이의 신용을 멋대로 파괴하게 두어서는 안 된다. 악습을 방치할수록 당신은 조직에서 점점 더 밀려날 뿐이다.

한편, 능력의 높고 낮음은 신용과 밀접한 관련이 있다. 예를 들어 리더가 어떤 임무를 나누어줄 때 가장 먼저 고려하는 사항은 누가 이 일을 가장 잘해낼 수 있을 것인가이다. 사실 상사가 어떤 사람에게 임무를 주는 것은 그를 믿고 있다는 증거이기도 하다. 그러므로 맡은 일을 해낼 능력이 있다는 것은 일종의 신용이다. 개인 능력의 고하는 신용도에 영향을 주는 기본 요소인 셈이다.

결론적으로 말해 현대 직장에서 신용은 매우 중요한 조건이다. 직장에서 진실한 뜻과 바른 마음을 가지려고 노력한다면 발전할 기회는 얼마든지 있다. 전체 조직 구성원이 이를 위해 다 함께 노력할 때 회사는 장기적으로 발전하고, 나아가 고객의 신뢰를 얻을 것이다.

어느 한쪽으로 치우치지 않고
한가운데에서

어느 한쪽에 치우치지 않은 것을 중(中)이라 하고, 영원히 변하지 않는 것을 용(庸)이라 한다. 중은 천하의 정당한 도리(正道)이고 용은 천하의 정해진 이치(定理)이다. '중용의 도'는 공자에서 유래한 개념이며, 중국 고대 유학자들이 제창한 도덕 실천 원칙이자 처세 방법이다. 공자가 말한 '중용'의 본질은 두 극단을 버리고 그 가운데를 취하는 것이다. 즉 치우침을 버리고 정확한 길을 선택함을 말한다. 다시 말해 장중하고 참착하며 바른 길을 고집하는 드넓은 정신이고, 너그럽고 깊은 생각이다. 또한 처음부터 끝까지 한결같은 굳센 신념을 완벽히 드러내는 방법이다. 중용은 유구히 전해 내려오는 진실을 담고 있으며, 한편으로는 현실주의 이념이기도 하다.

"청렴하면서도 포용하는 도량이 있고, 인자하면서도 결단력이 있으며, 사리가 분명하면서도 지나치게 살피지 않고, 강직하면서도 지나치게 따지지 말아야 한다. 꿀에 재어도 지나치게 달지 않고, 바다에서 난 해물이라도 지나치게 짜지 않다. 이런 경지라야 아름다운 덕이라 할 수 있다."

이것은 『채근담菜根談』에 나오는 "군자의 도는 중용이다(君子之道爲中庸)"의 뜻이다. 가장 근본적인 의미에서 말하자면 '중용'이란 사실 어떤 사람에게 부여할 수 있는 최고 평가다.

오늘날 직장에서 적지 않은 사람들이 눈앞의 성공과 이익에만 급급해한다. 스스로 총명하다고 여기고 남들 앞에 나서는 것을 좋아하지만 이것이야말로 '소인'의 행동이다. 이렇게 행동하면 남에게 반감을 사기 쉽다. 공자는 이렇게 말했다. "군자의 언행은 모두 중용의 도리에 따른다. 소인의 행동은 모두 중용의 도리를 거슬러 행하는 것이다. 군자가 중용의 도리에 맞게 행동하는 까닭은 언제라도 중도를 지키고 지나치거나 모자람이 없기 때문이다. 소인이 처세의 도리를 알지 못하는 까닭은 거리낌이 없어 하지 않는 것이 없기 때문이다." 정확히 말하면 군자와 소인은 신분을 나타내는 꼬리표가 아니라 하는 일에 붙은 꼬리표다. 당신이 어떤 일을 할 때 중용의 원칙을 따른다면 당신의 행동은 '군자'의 행동이다. 그러나 만약 당신이 다른 어떤 일에서 중용의 원칙을 깨뜨린다면 이때 당신의 행동은 '소인'의 행동이 된다.

직장에서 발전한다는 것은 곧 꼬리표를 붙여나가는 과정이라고 할 수 있다. 꼬리표의 형태는 변하지 않는다. 그러나 인간은 감정적 동물이라서 행동이 변화한다. 변하지 않는 꼬리표로 변화하는 인간의 행동을 고정하는 것은 그 자체로 극단적인 행위이다. 몸에 붙은 꼬리표가 많아지고 복잡해질수록 인간의 행위는 무질서해지고 사고는 점점 더 극단적이 된다. 극단적 사고는 중용의 법칙과 어긋난다. 중용에서 멀어지면 일반적 규범을 벗어나 '소인'의 사고와 행위에 점점 더 가까워진다. 현실에서는 품행이 단정한 '군자'라 할지라도 이런 극단적 사고를 벗어나기 힘들다. 그렇다면 어떻게 해야 직장에서 극단적인 행동을 피할 수 있을까?

스페인 작가 솔레다드 푸에르토라스Soledad Puertolas는 "가정은 폭풍우를 피해 가는 항구다"라고 표현했다. 이 항구에서 우리는 자신의 진심을 마음껏 표현할 수 있다. 이곳에서는 무서워할 이유도, 일부러 무언가를 꾸밀 이유도 없다. 생각한 대로 말하고, 하고 싶은 대로 행동할 수 있다. 가볍고 편안한 태도면 충분하다. 그러나 직장은 그렇지 않다. 세간에 이런 말이 있다. "말하는 사람은 무심결에 내뱉어도 듣는 사람은 새겨듣는다." 당신이 무심결에 한 말이 다른 사람에게 오해를 불러일으키고 심지어 평생의 한으로 남을 수 있다.

만약 상대방이 일부러 당신을 난처하게 만들고 싶다면 으슥한 곳에 숨어 있는 치타처럼 언제라도 당신을 물어뜯을 준비를 하고 있을지 모른다. 예를 들어 동료 몇 사람이 사석에서 자유롭게 이야기를 한다고 가정해보자. 당신이 문득 일에서 받는 스트레스가 너무 많다고 하소연하면서, 마음에 드는 젊은 사람에게 지금의 일을 넘겨주고 싶다고 말한다. "나이가 들면 몸도 잘 안 움직이니까 어서 젊은이들이 올라가게 해줘야지." 그런데 마침 그 자리에 당신보다 나이가 조금 더 많고 지위도 더 높은 사람이 함께 있었다. 그는 당신이 은연중에 길을 막고 있는 퇴물은 어서 물러나야 한다고 불평하는 것으로 오해할 수 있다. 때로는 좋은 마음에서 무심결에 내뱉은 말이 생각지도 못한 부정적 효과를 빚기도 한다. 직장에서 말하고 행동할 때는 반드시 주의를 기울여야 한다. 이것이 바로 중용의 도이다.

직장이라는 곳은 그 이름만으로도 알 수 있듯이 일을 논하는 곳이다. 그렇다면 이런 곳에서는 마땅히 개인적인 감정이나 일을 말하는 것을 삼가야 할 것이다. 예를 들어 최근의 연애 상황이나, 부인에게 요즘 어떤 어려움이 있는지, 아이들 교육 문제가 얼마나 어려운지 등을 이야기하면 남에게 존중받지도 못할뿐더러 책임감 있는 태도도 아니다. 이런 화젯거리는 직장에서 언급할 것이 아니다. 아무리 이야기해봐야 자신의 직업적 자질이 부족하다는 것을 증명하는 꼴밖에는 되지 않는다. 집을 새로 샀다거나 아이에게 가정교사를 붙여주었다거나 하는 이야기가 업무 시간의 대부분을 차지해서는 안 된다. 전화를 하거나 따로 미팅을 갖는 일이 잦으면 회사 경영자와 동료들은 다른 생각이 들 것이다. 직장에서는 평정한 마음을 유지해야 한다. 기뻐서 어찌할 바를 모르거나 근심에 잠겨서 얼굴을 찌푸려서도 안 된다. 현대를 사는 직장인들에게는 이런 자질이 반드시 필요하다. 사적인 내면을 모두에게 공개할 필요는 없다.

사람에게는 누구나 자기만의 의견과 생각이 있다. 그런 까닭에 논쟁이나 오해가 생겨난다. 그러나 이로 인해 동료 간에 위화감을 조성하는 것은 필요하지도 않고 현명한 행동도 아니다. 이런 때에는 가장 먼저 자신이 속한 조직과 동료와 함께 자신의 조직에 충성을 다하는 길을 선택해야 한다. 마찬가지로 상대 기업과 경쟁할 때는 가능하면 직접적인 충돌을 피하고 상대방의 공격 대상이 되지 않도록 주의해야 한다. 물론 상대의 어려움을 틈타 해를 가해서도 안 된다. "이곳에서는 만날 수 없어도 다른 곳에서는 만날 수 있다"라는 옛말이 있다. 미래에 어떤 변화가 일어날지 어느 누가 확신할 수 있겠는가. 친구가 많으면 길도 많다. 서로 돕지 않고 도리어 물어뜯기 바쁘면 그야말로 시대 흐름에 역행하는 꼴이다.

직장 동료 사이에 절대적인 믿음과 영원한 동맹이 있을 거라고 기대해서는 안 된다. 당신에게 가장 큰 상처를 주는 사람은 종종 당신과 가장 가까운 친구일 수 있다. 오랜 시간이 흐르는 동안 우정에 주어지는 시험을 통과한 사람만이 진정한 친구다. 친구 사이라면 가능한 한 이익을 따지는 여지를 줄여야 한다. 그러나 동료 사이에는 경쟁을 피할 수 없다. 남을 해칠 마음은 품을 필요가 없지만 남에게 해를 당하는 것은 방비해야 한다는 말이 있다. 직장에서는 일정한 거리를 유지하는 것이 최선이다.

중용의 도는 곧 군자의 도이다. 이 이치를 꿰뚫은 고수는 온갖 경쟁을 이기고 살아남은 사람일 것이다. 마지막으로 린위탕林語堂이 언급한 중용의 도에 대해 곱씹어보자.

"중용의 도란 양 극단 사이에 있는 질서 있는 삶을 가리킨다. 이 같은 중용의 정신은 동작과 정지 상태 사이에서 완벽한 균형을 찾아낸다. 그러므로 모두들 중용의 도를 잘 익힐 수 있기를 바란다."

다르지만
한 방향이다

　　공자는 "군자는 화합하되 붙어 다니진 않고(和而
不同), 소인은 남과 같은 척하지만 실제로는 남과 조화를 이루
지 못한다(同而不和)"라고 했다. 군자는 사람과의 사귐에서 타인
과 우호적인 관계를 유지할 수 있다. 그러나 구체적인 문제를
바라보는 시각에서는 상대방과 굳이 같을 필요가 없다고 본
다. 반면 소인은 구체적인 문제에서 타인의 심리에 영합하고
타인의 언변을 따라간다. 그러면서도 마음 깊은 곳에서는 비
우호적인 태도를 가지고 있다.

　　인간관계는 삶에서 빠뜨릴 수 없는 중요한 구성 요소이다.
이른바 '화이부동'은 군자가 사람을 사귀는 과정에서 상대방

과 조화롭고 우호적인 관계를 이룬다는 것을 가리킨다. 비록 구체적인 문제를 바라보는 시각은 다를지라도 말이다. '동이 불화'는 '화이부동'과는 반대된다. 소인은 사람을 사귀는 과정에서 구체적 문제를 바라볼 때 타인의 심리에 영합하고 타인의 언변을 따른다. 그러면서도 마음속으로는 상대방에 대해 비우호적 태도를 견지하고 있다. 직장에서든 가정에서든, 서로 다른 사람은 어떤 문제에 대해 서로 다른 시각을 가지고 있다. 이것은 인지상정이다. 이때 진정한 친구는 관점이 달라도 상대방과 소통하면서 공통점을 찾아간다. 비록 잠시 동안 생각을 일치시키지 못하더라도 그것 때문에 의기를 상하지는 않는다. 차분히 시간을 두고 문제를 검토해 누구 의견이 더 정확한지 증명한다.

백아伯牙와 종자기鍾子期는 거문고 소리를 통해 우정을 나누었고, 마르크스와 엥겔스는 『자본론』을 썼다. 진정한 군자의 사귐은 매 순간 하나 됨을 추구하지 않는다. 오히려 상대방의 견해를 인정하고 자신의 관점이 다르다는 것을 숨기지 않는다. 그럼으로써 서로 발전할 방향을 찾는다. 이런 우정이야말로 간담상조肝膽相照, 즉 서로가 마음속을 툭 털어놓고 숨김없이 친하게 사귀는 것이라 할 수 있다.

소인은 이와는 다르다. 소인은 한편으로는 자신의 생각을 숨기거나 혹은 근본적으로 자신의 생각이라는 게 없다. 남이 하는 대로만 따라하고 상황에 따라 태도를 바꾼다. 더 심한 경우는 무리를 지어 편을 가른다. 설사 자기편 의견이 틀렸다 하더라도 굽힘없이 지지하고 조금도 물러서지 않는다. 그러나 남의 편 관점은 설사 옳다 하더라도 반드시 반대하며 조금도 양보하지 않는다. 이렇게 되면 사람과 사람 사이에 거리감이 생겨나고 서로 다른 사회관계망을 만든다. 이것은 조직 전체에 좋지 않은 영향을 준다.

오늘날 직장에서 관리자를 가장 골치 아프게 만드는 것은 중간 간부나 핵심 간부가 인간관계 운용법을 모른다는 데 있지 않다. 왜냐하면 순수하게 기술 문제는 전문 교육 훈련으로 대부분 개선할 수 있기 때문이다. 그게 안 되면 조직을 새롭게 개편함으로써 모든 개인의 장점을 발휘하도록 하면 문제를 해결할 수 있다.

사실 관리자들이 가장 어려워하는 문제는 핵심 간부 간에 개인적 가치와 성향이 달라 인간관계에 긴장을 초래하는 상황이다. 이는 기업의 효율성 제고를 가로막는 중요한 문제이다. 오늘날 공동 목표를 세우려는 환경적 요구에 따라 직장에서는 새로운 문제가 대두하고 있다. 이런 가치의 차이는 종종 '동이불화'의 형태로 나타나 관리자가 문제를 자각하기 어렵게 만든다.

진정한 군자가 소인과 다른 점은 다른 사람과 교제할 때 이익 다툼에 집중하지 않는다는 것이다. 다만 원칙적인 문제를 다룰 때만큼은 자신의 입장을 용기하게 고수한다. 진정한 군자는 인간관계에서 빚어지는 시비나 은원을 일일이 따지지 않는다. 자신과 다른 의견을 중시하는 동시에 취할 점은 취하고 차이점은 보류하며 공통점을 찾는다. 진정한 군자라 할지라도 갖가지 결점이 있으며 절대로 완벽하지 않다. 하지만 최소한 복잡한 흐름 속에서 독립적 인격을 가지고 상대방을 존중할 줄 안다. 볼테르Voltaire가 일찍이 말했듯 "나는 당신의 의견에 동의하지 않지만 당신이 그렇게 말할 수 있는 권리를 지키기 위해서라면 목숨을 걸겠다"라는 뜻이다.

1955년 열린 아시아아프리카회의는 인류 역사상 첫 번째로 아시아와 아프리카 국가가 공동으로 발기한 회의다. 이 회의에 서방 국가는 포함되지 않았고, 당시 주요 세계 강국도 참가하지 않았다. 회의 참가국은 일본을 제외하면 모두 개발도상국이었다. 이 때문에 아시아아프리카회의는 첫 번째 개발도상국가 회의라고도 말할 수 있었다. 인도네시아 반둥회의에서 저우언라이周恩來 총리는 구동존이求同存異 노선을 제창했다. 구동존이란 같은 것을 추구하되 다름은 남겨둔다는 뜻으로, '화이부동'이라는 유교 윤리에 대한 저우언라이 식 해석이었다. 반둥회의의 정신은 1961년의 비동맹운동을 만들어내는 데 이바지했다. 사실 직장에서 우리의 목적은 결코 구동존이가 아니다. 일을 하는 데서 공통된 목표를 위해 노력하는 것이다.

구동존이한 뒤에 무엇을 할 것인가? 이것이야말로 우리가 가장 관심을 기울여야 하는 문제다. 저우언라이는 반둥회의에서 다음과 같은 점을 지적했다. 아프로아시아 지역 경제는 총체적으로 매우 낙후되어 있다. 이들 지역 국가는 정치적 독립뿐 아니라 경제적 독립을 이루어야 한다. 낙후된 경제를 바로잡아야 완전한 독립을 이룰 수 있다. 이를 위해서는 세계 평화를 보장하고 아프로아시아 국가 간 우호 협력을 촉진해야 한다. 그러므로 아프로아시아 국가는 구동존이의 정신에 입각해, 이데올로기와 국가 제도의 차이에 따른 분열을 극복해야 한다.

다시 직장이라는 곳을 돌이켜보자. 우리는 '화이부동'과 '구동존이'의 정신을 되새겨야 한다. 개인이 추구하는 가치나 성장한 과정은 모두 다르다. 그러므로 서로 접촉하면서 마찰이 생겨나는 것은 당연하다. 그러나 이런 마찰도 생각이 부딪치며 생겨나는 불꽃 같은 것 아니겠는가? 상대방을 존중한다면 충분히 상대방의 존경을 얻을 수 있다.

곤란한 문제를 처리하는 것도 직장인으로서 성장하기 위

해 겪어야 하는 필수 과정이다. 물론 이런 현상의 원인은 우리 자신에게 있다. 증자曾子는 일찍이 "나는 하루에 세 번씩 나 자신을 반성한다(吾日三省吾身)"라고 했다. 또 『논어論語』에서는 군자의 자기 반성에 대해 이렇게 표현했다. "군자는 두루 교제하되 사익을 좇아 패거리를 짓지 않으며 소인은 이익을 좇아 패거리를 지을 뿐 두루 교제하지 않는다." 여기서 말하는 원리도 크게 다르지 않다. 군자는 사람들과 잘 어울리나 패거리를 짓지 않고, 소인은 패거리를 지을 뿐 두루 어울리지 않는다. 군자는 마음이 넓어 다른 사람을 포용할 수 있으나 소인은 지나치게 따지며 마음 씀씀이가 좁다. 직장인이 이 원칙을 이해하고 잘 지키지 못한다면 앞길에 적잖은 어려움이 기다리고 있을 것이다.

작은 힘이
우리를 바꾼다

"궁색할 때는 홀로 자신을 수양하는 데 힘쓰고, 영달했을 때는 세상에 나가 천하를 구한다(窮則獨善其身, 達則兼濟天下)"는 『맹자孟子』 진심상盡心上 편에 나오는 구절이다. 맹자가 나라의 군주를 만나 어진 정치를 베풀라고 유세할 때 남긴 명문장이다. 즉 만약 뜻을 이루면 천하를 위해 복을 짓고, 뜻을 이루지 못하면 스스로의 몸을 바르게 닦으라는 뜻이다. 이 문장은 유가의 인의仁義 사상을 나타냄과 동시에 부패 세력과 한 패가 되어 나쁜 일을 하는 것을 거부하는 의미도 담겨 있다. 다시 말해 부분과 전체, 개인과 사회의 관계에 대한 사유라고 할 수 있다.

유가 이론에서 '궁색'과 '영달'은 삶의 한 형태일 뿐이다. 몸 밖의 물건인 재물은 경계해야 할 존재(身外之物)이며 오직 도의 道義만이 근본이다. 그러므로 궁색(힘들고 가난)하다고 해서 의義를 손에서 놓거나 영달(출세)하다고 해서 정도正道에서 벗어날 수 없다. 공자는 "세상이 쓰면 행할 것이고 세상이 버리면 몸을 숨긴다(用之則行, 舍之則藏)"라고 말했다. 이것은 "궁색할 때는 홀로 자신을 수양하는 데 힘쓰고, 영달했을 때는 세상에 나가 천하를 구제한다"라는 말과 일맥상통한다. 모두 지식인들의 입신출세에 관한 좌우명이었다. 앞으로 나아가 공격할 수도 있고 뒤로 물러나 수비도 할 수 있다는 뜻이니, 이것이야말로 타인과 자기 자신, 세계에 대항하는 무기인 셈이다. 궁색해서 뜻을 펴지 못할 때는 자신을 올바르게 수양하는 고결함으로 무장하고, 그럼으로써 미래에 대한 믿음을 잃지 않을 수 있다. 영달했을 때는 다시 세상에 나가 천하를 구제하는 위대한 이상으로 자신의 전진을 가속화할 수 있고, 그럼으로써 현 상태에 머무는 것을 방지할 수 있다. 그러므로 '궁색'하든 '영달' 하든, 그것은 모두 우리의 영혼을 위한 닭고기 스프이자, 언제 어디서나 사용할 수 있는 사상적 무기가 될 수 있다.

오늘날 점점 더 많은 사람들이 물욕物慾에 휩싸여 방향을 잃고 있다. 자신을 수양하거나 세상을 돕겠다고 생각하는 사람들은 거의 찾아볼 수 없게 되었다. 심지어 이것이 낡은 생각이라고 비웃는 사람들도 있다. 그러나 현대 직장의 중요도가 자원에서 사람으로 옮겨감에 따라 이런 사상이 다시 중요해지고 있고, 그에 따라 새로운 해석도 생겨났다. "아직 시기가 무르익지 않았을 때는 자신을 다스려 본분을 지키는 사람이 되어 소질과 소양을 높이는 데 힘쓴다. 시기가 무르익으면 좋은 일을 널리 펼쳐 사회를 위해 공헌한다." 앞에서 우리는 군자가 나아갈 '중용의 도'에 대해 언급했다. 중용의 관건은 강약의 정도를 지키는 것이다. 이것도 마찬가지다. "영달하면 천하를 구제한다"라는 말은 개인에게 사회를 위해 너무 많은 것을 내놓으라고 강요하는 것이 아니다. 역량이 있을 때 행하면 그것으로 충분하고, 자신의 능력 안에서 사회를 위해 일정 부분 공헌하는 자세를 요구할 뿐이다.

이를 다시 직장이라는 주제에 적용한다면, 최선을 다해 행하고 힘써 행하라는 말이다. 이것은 단지 우리가 직장에서 추구해야 할 가치만이 아닌, 일종의 적극적인 삶의 방식이다. 어떤 시에서는 이렇게 읊었다. "우리가 모두 벚꽃이 아닌 마당에, 다른 무엇을 원망할 필요는 없다. 그저 아름다울 수 있다면 그것으로 족하다. 후지 산도 그저 하나의 산일 뿐, 그렇다고 해서 다른 산이 존재 의미를 잃는 것은 아니다."

직장에서 모든 사람의 지위는 저마다 다르다. 사람들이 하는 일의 내용과 성격도 다르다. 그러나 각각의 직위에는 모두 그 나름의 의미가 있다. 그러므로 성실히 자기 맡은 바를 하면 되는 것이다. 자신을 수양하고 일을 하는 틈틈이 공익에 관심을 기울이면 그것이 바로 천하를 구제하는 일이다. 공익 활동에 힘쓰는 동시에 영리를 추구한다면 천하를 구제하는 행위의 의미를 부정할 수 없다. 이런 모델이 곧 시장경제의 특징이다.

워런 버핏Warren Buffett은 75세가 되던 해에 370억 달러에 달하는 버크셔 주식 85퍼센트를 빌앤드멜린다게이츠 재단에 기부한다고 선언했다. 인류를 위협하는 난치병과 빈곤을 없애고 교육 수준을 높이려는 공익적 목적에서다. 이는 쿠웨이트의 국내총생산을 뛰어넘는 액수로 미국 역사상 개인이 기부한 것으로는 최고액이다. 이로 인해 빌앤드멜린다게이츠 재단의 자산 가치는 600억 달러에 이르게 되었다. 워런 버핏은 "영달하면 세상에 나아가 천하를 구제한다"라는 말을 진정으로 실천했다. 그러나 그는 한편으로 버크셔의 주식 가치 하락을 최소화함으로써 회사 주식 보유자들의 이익도 최대한 보장해주었다. 기부 주식의 평가가치도 하락하지 않았고 도리어 늘어났다.

영달했을 때 세상에 나가 천하를 구제하기 위해서는 커다란 전략이 필요하다. 외유내강의 태도로 모든 관계를 융통성 있게 처리하고, 안으로는 자신의 이상을 굳건히 지켜 비록 세상 모든 사람이 아니라고 말해도 홀로 의연히 설 줄 알아야 한다. 사람됨이 너그럽고 일처리가 기민해 각각의 일을 그에 맞는 방법으로 대처해야 한다. 자신의 의견과 원칙을 바탕으로 전략과 기교를 더해, 비록 남보다 앞서지는 못해도 뒤로 밀려나서는 안 된다. 현재의 상황을 잘 파악해 앞으로 나아가야 할 때와 뒤로 물러나야 할 때를 알고, 언제나 여유롭게 대처해야 한다. 또한 현실과 이상 사이에서 완벽한 균형점을 찾아야 한다.

이 밖에도 현실을 잘 파악할 줄도 알아야 한다. 한 사람의 능력에는 분명히 한계가 있다. 자신의 능력만으로 사회를 변화시킬 수 있는 사람은 없다. 적극적으로 세상에 뛰어듦과 동시에 자신의 능력이 얼마나 되는지 충분히 파악해야 한다. 결국 자신이 할 수 있는 만큼 상대방을 변화시킬 수 있다. 때로 우리는 일을 너무 간단히 생각하고 이상적으로 남을 도우려고 한다. 그러다 결국에는 스스로 상처를 받거나, 심지어 좋은 마음으로 했던 일이 나쁜 결과를 이끌어내기도 한다. 또한 때로는 일을 너무 복잡하게 생각해 마음이 위축되어 앞으로 나아가지 못하고, 결국 아무것도 이루지 못한다. 사실 천하를 구제하겠다는 생각을 품었을 때는 이미 어느 정도 성공을 한 뒤일 것이다. 이때는 함부로 자신을 낮추거나 과대평가하지 않는 것이 좋다. 앞에서 이야기한 중용의 도처럼, 행동과 생각에 알맞은 기준을 세워야 한다. 그렇게만 하면 큰 문제는 발생하지 않는다.

2012년 여름 중국에서 가장 인기 있던 프로그램은 〈보이스 오브 차이나The Voice of China〉였다. 이 프로그램의 진행자 화샤오華少는 독특한 매력으로 중국 전체를 열광시켰다. 그런데 화샤오는 시간을 내어 틈틈이 량피凉皮(차게 먹는 중국의 면요리) 요리사 바진八斤을 남모르게 후원했다. 바진에게 그의 꿈인 연기를 할 수 있는 기회를 주고 식당을 낼 수 있도록 도왔다. 어느 정도 바진의 가정 형편을 개선했고, 지적 장애가 있는 바진의 아이가 좀 더 좋은 환경에서 성장할 수 있게 했다. 연예 프로그램 인기 사회자인 화샤오는 공개적으로 모금을 할 수 있었고, 직접 경제적으로 도울 수도 있었다. 그러나 그는 자신의 능력 범위 안에서 상대방에게 스스로 삶을 바꿀 수 있는 기회를 주었다. 물고기를 주기보다는 물고기를 잡는 방법을 알려준 것이다.

현실과 자신의 능력을 정확히 파악한 뒤에는 주위를 잘 살펴야 한다. 상대방이 어떤 도움을 원하고 자신은 어떤 측면에서 도움을 줄 수 있는지 알아야 한다. 시장 경영학에서 상품 개발 초기 단계에 가장 먼저 고려해야 하는 것이 고객의 니즈다. 바로 이것과 마찬가지다. 우리는 홀로 살지 않는다. 우리를 만족시키는 것은 혼자만의 정신적 추구가 아니라 상대방을 돕고 발전시키는 행위다. 어떤 사람이 바나나를 좋아한다고 치자. 그런데 당신이 그에게 사과 한 트럭을 가져다주고 스스로 감동하면서 그가 감사할 줄 모른다고 불평하는 어리석음을 범할 수 있다. 어째서 그 사람에게 필요한 것이 바나나라는 사실을 모르는가. 상대방이 어떤 도움을 필요로 하는지 알아야 그에 맞는 대책을 세우고 진정한 도움을 줄 수 있다.

사회에 뛰어드는 데도 규칙이 필요하다. 컴퍼스와 자가 없으면 원도 사각형도 그릴 수 없다. 아무렇게나 마음 가는 대로 남을 도와서는 안 된다. 인간은 감정의 동물이다. 생각과 자존심이 있다. 남을 '구제'할 때는 일방적이거나 맹목적으로 해서는 안 된다. 상대방의 처지에서 문제를 생각해야 한다. 이것은 우리의 의무일 뿐 아니라 타인에 대한 관심과 애정이다. 앞에서 이야기한 화샤오는 이 점을 잘 이해했다. 화샤오는 상대방의 자존심을 고려했고, 상대방이 받을 느낌까지 헤아렸다. 그 뒤 자신의 능력 안에서 상대방에게 발전할 기회를 주었다. 그저 직접적이고 물질적으로 상대방을 도우는 것만이 능사는 아니다.

2부

지금을
살아간다는 것

오직 현재를 응원하는 법가의 말

세상에서 가장 복잡한 것이 사람의 마음이다. 마음은 천변만화해서 어떤 사람이 무엇을 생각하고 있는지 진정으로 이해하기가 무척 어렵다. 이것은 자기 자신에 대해서도 마찬가지다. 동시에 사람의 마음은 세상에서 가장 간단한 것이기도 하다. 아무리 변해도 본질은 달라지지 않고, 모든 생각이 욕망의 부추김에서 벗어나지 않는다.

한 사람보다는
모두의 힘으로

철학적으로 말하면 부분이 합리적인 질서에 따라 조합될 때 전체 역량은 부분의 합보다 크다. 간단히 비유하자면 1+1이 2보다 크다는 것이다. 모래가 모이면 탑이 만들어지고 수많은 물줄기가 모이면 강과 바다를 이룬다. 아주 먼 원시시대부터 인류는 협동의 중요성을 알고 있었다. 남자들은 함께 사냥을 나갔고 여자들은 부락에서 함께 아이들을 돌보았다. 협동은 종족의 지속성을 보장해주었다. 무리에서 떨어져나간다는 것은 죽음을 의미했다. 이 때문에 사람들은 차츰 분업과 협동을 시작했고 그에 따라 인류 사회도 진보했다.

우리는 삼삼오오 무리를 이룬다는 말을 하는데, 어떤 조직을 구성할 때는 반드시 일정한 기본 구성 단위가 필요하다. "스님이 한 명일 때는 물을 떠서 마시고 스님이 두 명일 때는 물을 길어다 마신다. 하지만 스님이 셋일 때는 마실 물이 없다"라는 말이 있다. 여기서 '세 명의 스님'이 바로 단체이며 조직이다. 협력과 작업 효율은 서로 영향을 준다. 정비례 관계다. 협력이 잘될수록 작업 효율도 높아지고, 반대의 경우도 마찬가지다. 그런데 "스님이 셋일 때는 마실 물이 없다"는 것은 무슨 뜻일까? 바로 스님들이 서로 미루고 협력하지 않아 작업 효율이 매우 떨어진 상태임을 말한다. "단결이 곧 힘이다"라는 말이 있다. 단체 협력이 만들어내는 긍정 에너지는 무궁무진하다. 어떤 단체든 협력 정신을 발휘하기 시작하면 눈앞에 닥친 어려움도 수월하게 극복할 수 있고, 한 걸음 더 나아가 불가사의한 기적까지도 만들어낼 수 있을 것이다.

지식경제 시대의 도래와 함께 우리 앞에는 각종 지식과 기술이 끊임없이 쏟아지고 있다. 직장에서는 경쟁 스트레스가 하루하루 커지고 있다는 것을 느낄 것이다. 소비자의 물질적, 정신적, 문화적 요구는 날이 갈수록 다양해지고, 그럴수록 서비스 제공자는 다양해지는 고객의 수요를 만족시키느라 애를 쓰게 된다. 사람들이 살면서 맞닥뜨리는 문제는 시대의 진보와 함께 날로 복잡해지고 있다. 대부분은 개인의 능력만으로는 완벽하게 처리할 수 없는 문제이고, 효율적인 해결 방법을 찾기도 어렵다.

이런 문제를 해결하고 싶다면 반드시 조직을 갖추어야 하며, 조직 구성원들이 서로 이해하고 의지하면서 협력해야 한다. 그래야 비로소 복잡다단한 문제를 해결할 수 있다. 협력은 조직의 대응력을 키우고 창조력을 유지하는 비결이다. 협력이 잘 이루어지면 이를 바탕으로 작업 효율을 높이고 회사의 이익을 늘릴 수도 있다.

협력 과정에서 조직 구성원이 가진 모든 자원과 능력을 조정하면 자동적으로 기존에 존재했던 불협화음과 불공정한 현상을 제거할 수 있다. 동시에 조직에 성실히 공헌하는 사람들에게 적절한 보상도 할 수 있다.

지식 대폭발 시대에는 개개인에게 부여된 업무 정도가 점점 증가하고 난이도도 나날이 높아진다. 한 사람이 혼자서 해낼 수 있던 일은 점점 줄어든다. 조직 관리 측면에서 살펴보면, 자원 통합과 구성원들의 업무 적극성 조정, 조직 전체의 작업 효율 제고, 양과 질 측면에서 예정한 목표 달성 등이 중점 관리 대상이다. 모든 조직은 서로 다른 개체로 이루어져 있고, 모든 개체의 사고방식에는 차이가 있으며 일하는 스타일도 다르다. 그러므로 단체 작업 중에는 어떤 문제든 수면 위로 떠오르게 되어 있다. 이것은 조직 전체 성과에 영향을 준다. 조직 관리에 문제가 생기면 협동의 분위기가 망가진다. 그렇게 되면 직원들의 업무 사기가 떨어지고 작업 효율도 그에 따라 감소한다.

협력은 구성원들에게 더 큰 학습과 업무 무대를 만들어준다. 단체 구성원은 또 다른 구성원과 함께하면서 그들의 장단점을 발견하고, 타인의 장점을 통해 자신의 단점을 보완하며, 한 걸음 더 나아가 자신의 능력을 개발할 수 있다. 협력은 좀 더 조화로운 업무 환경을 제공해줄 수 있다. 만약 오직 혼자서 자기 일에만 집중하면 타인과 교류하고 소통할 기회가 결핍된다. 자연히 동료 간의 신뢰나 친밀도가 낮아지고, 서로 다른 관점이 맞부딪치면서 생기는 불꽃도 만들어지기 어려울 것이다. 협력을 할 때 우리는 타인과 더 많은 시간 동안 접촉하고 더 많이 교류하며, 타인을 더욱 신뢰하면서 쌍방의 업무 효율성을 끌어올릴 수 있다.

좀 더 좋은 조직을 만들고 싶다면 협력 과정에서 보편적으로 발생하는 문제를 이해할 필요가 있다. 첫째, 조직의 목표가 불명확하다. 목표는 어떤 조직이 항해할 때 필요한 등대역할을 한다. 즉 조직 구성원의 앞길을 인도하는 등불이 되어준다. 목표는 운명이 아니라 방향이며, 명령이 아니라 약속이다. 목표는 조직의 미래를 결정할 수 없다. 그것은 단지 기업의 자원을 동원해 미래를 만들어가는 수단이다.

둘째, 조직 구성원의 업무 분담이 불명확하다. 조직의 업무는 간단한 단일 공정이 아니라 수많은 업무가 모여 이루어지는 복합 공정이다. 그러므로 모든 구성원은 조직 내에서 저마다 특별한 의미를 지니고 있다. 만약 조직 구성원이 맡은 역할과 지위가 불명확하면 서로 업무가 중복되거나 아예 생략되어 갈등과 내부 손실을 불러일으키기 쉽다.

셋째, 조직 관리 제도가 완벽하지 않다. 규정이 없으면 사각형도 원도 그릴 수 없다. 마찬가지로 어떤 조직에 상응하는 관리 메커니즘이 없으면 구성원을 규제하거나 격려할 수 없다. 이로 인해 협력 과정에서 타성이 강화되고, 이것이 전체 작업 효율에 영향을 준다.

넷째, 단체 내 소통 시스템이 낙후되었다. 소통 시스템이 원활히 작동하지 않으면 정보 공유가 부족해지고 '너는 너대로 나는 나대로'라는 따로따로 현상이 발생한다. 이렇게 되면 응집력을 만들어낼 수 없고 업무 적극성도 낮아진다.

그렇다면 어떻게 해야 좋은 성과를 내는 조직을 만들 수 있을까?

첫째, 목표를 명확히 설정하고, 실행 가능한 계획을 세워라. 뛰어난 조직은 같은 목표 아래서 만들어진다. 모든 사람의 성장 환경은 저마다 다르다. 받은 교육도 다르고 성장 과정에서 형성된 가치관과 인생관도 다르다. 이것은 당연하다. 그러나 조직에 들어온 이상 '구동존이'하는 법을 배우고 공동 목표를 향해 노력할 필요가 있다.

그러므로 처음 조직을 세울 때는 반드시 조직의 사명과 목표 그리고 이해 관계자들의 실질적 요구에 맞추어 공동 목표와 단계적 계획을 수립해야 한다. 예를 들어 교육 기관이 어떤 고객사와 계약을 맺었다면 그 고객사의 구체적 요구에 따라 프로젝트를 짜고 임무와 목표를 설정하고 관련 업무 담당자를 선정한다. 고객과 약속한 기한 내에 전문 지식과 기술로 고객사 직원들의 업무 능력을 향상하고 교육 서비스 수입을 거두어들인다. 조직은 이런 기본적 목표에서 한 걸음 더 나아가 업무 계획과 단계별 완성 목표를 세워야 한다. 매 단계, 매주, 매일 달성해야 하는 훈련 내용을 설정하면 프로젝트 전체를 한눈에 파악하는 데 도움을 줄 수 있다.

둘째, 조직 구성원이 맡은 역할을 분명히 설정하고 업무를 나누어라. 업무 분담을 명확히 구분하려면 리더가 모든 구성원의 성격과 장점을 파악하고 있어야 한다. 목표에 따른 조직의 주요 업무를 어떤 사람에게 맡길 것인지 결정하고 그런 다음 각각의 직책을 세분화해 모든 구성원에게 나누어준다. 그럼으로써 구성원들은 자신의 업무와 맡은 역할의 수준을 알고, 구체적으로 누가 어떤 업무를 책임지는지 이해하게 되어 체계적으로 받아들인다.

셋째, 조직 내 인간관계를 잘 처리해 조화로운 분위기를 유지하라. 조직의 목표가 세워져 있고, 업무를 명확히 이해했다고 해도, 인간관계가 좋지 않으면 효율성이 떨어진다. 명령의 이행과 전달은 사람을 통해 이루어지며, 임무를 완성하는 데도 반드시 사람이 필요하다. 좋은 인간관계는 앞서 말한 두 가지를 순조롭게 실행할 수 있는 기반이다. 고층건물을 세우려면 기초를 튼튼하게 닦아야 하고, 멀리 그리고 빨리 뛰고 싶다면 좋은 신발을 신어야 한다. 마찬가지로 조직에서는 조화로운 인간관계가 있어야 높은 작업 효율성을 보장할 수 있다.

말과 행동이
성과를 결정한다

『예기』치의編衣 편에는 이렇게 쓰여 있다. "군자는 말로 사람을 인도하며 행실로 조심시킨다. 그러므로 말 한 마디와 행동거지 하나가 가져올 영향을 생각하고, 말을 삼가고 행동을 조심해야 한다(君子道人以言而禁人以行, 故言必慮其所終, 而行必稽其所敝, 則民謹於言而慎於行)."

기쁨과 노여움을 얼굴에 드러내지 않는다는 말이 있다. 어떤 사람이 성숙한지를 판단할 때도 그 사람의 말과 행동이 안으로 잘 갈무리되어 있고 경박하지 않은지를 먼저 본다. 동양의 전통적 가치관은 깊게 감추어 밖으로 드러내지 않는 것을 숭상했다.

어떤 직장이든 갖가지 이익이 얽히고설켜 있다. 그 혼란한 소용돌이에서 자신을 과시하다 보면 어떤 사람이나 다른 집단의 이익과 충돌하게 되고, 스스로 적을 만들어 직장 생활에 큰 영향을 받는다. 더욱이 새로운 환경을 접할 때는 상사나 동료의 사회적 배경과 일처리 방식에 대한 이해가 부족하고 직장 분위기도 잘 파악되지 않는다. 이때 가장 중요한 것은 새로운 환경의 인간관계와 이익 구조를 자세히 관찰하고 빨리 이해하는 것이다. 그러므로 일단 몸을 낮추어 말과 행동을 삼가고 함부로 드러내지 않아야 한다. 만약 맹목적으로 이익 다툼에 뛰어들면 스스로 엄청난 고난을 자초하는 셈이다.

아시아 최고 재벌 리자청李嘉誠은 이렇게 말했다. "낮고 겸손한 자세로 임해야 바람을 피할 수 있고 다른 사람의 공격 목표가 되지 않는다. 스스로를 지나치게 드러내지 않으면 다른 사람에게 적의를 불러일으키지 않는다. 또한 남도 당신의 허실을 알아차릴 수 없을 것이다." '낮고 겸손한 자세'는 리자청이 비즈니스를 하고 세상을 살아가는 유일한 원칙이다. 리자청은 나무가 클수록 바람을 더 세게 맞는다는 이치를 뼈저리게 이해했고 그래서 시종일관 낮고 겸손한 자세를 유지했다. 일부러 평범한 척을 함으로써 마침내 성공을 거두고 다른 사람의 존경을 한 몸에 받을 수 있었다.

예전에 리자청에 대한 특별 인터뷰에서 다음과 같은 글을 본 적이 있다.

리자청은 허세를 떠는 것을 싫어한다. 어떤 사람과도 스스럼 없이 어울리기 때문에 함께 있어도 특별히 어렵다고 느껴지지 않는다. 그는 홍콩의 치더 공항에서 모르는 사람을 태우고 시 내로 가기도 한다. 개인의 안전 문제는 별로 고려하지 않는다. 심지어 직접 차에서 내려 트렁크를 열어 짐을 실어준다. 그동 안 운전기사는 그저 운전석에 앉아 있을 뿐이다. 상대방이 차 에 타면 차 안이 춥지 않은지 물어보고, 어디에 머물 것인지도 물어본다. 직접 호텔에 전화를 걸어 빈 방이 있는지 물어보기 도 한다. 세계 일류 호텔인 힐튼도 그의 비즈니스 중 하나인데 말이다.

손님을 초대할 때는 늘 직접 엘리베이터 입구로 가서 손님 을 맞이하며 자기 명함을 그곳에 온 모든 손님들에게 하나씩 돌린다. 자기에게 엄격할 뿐 아니라 자식을 가르칠 때도 엄해 서 늘 낮고 겸손한 자세를 유지하라고 말한다. 차남 리저카이 李澤楷가 잉커라는 기업을 세울 때 리자청은 이런 격언을 들려 주었다고 한다. "나무가 클수록 바람을 더 많이 맞는다는 것 을 알고 늘 낮고 겸손한 자세로 임해라." 오늘날 많은 사람들 이 자기 자신을 과대포장하고 결국 큰 바람을 맞아 막대한 손해를 입기도 한다. 직장에서 다른 사람과 어울릴 때는 반드시 언행을 삼가고 낮고 겸손한 자세로 임하는 법을 배워야 할 것이다.

언행을 삼가고 평범한 척하는 것은 스스로를 억누르라는 뜻이 아니다. 하루빨리 조직 속으로 스며들어 융화하라는 뜻이다. 묵묵히 자기 역량을 쌓고 가뭇없이 직장에서 '잠복'하며 당신의 허실을 남이 알아차리지 못하도록 해야 성과를 이룰 수 있다. 언행을 삼가고 비범함을 드러내지 않는 것은 큰 지혜를 가진 사람이 오히려 어리석게 보이는 것과도 같은 이치다. 비범함을 드러내지 않고 지나치게 떠벌리거나 과장하지 않으면 이런저런 시비에 휘말릴 가능성도 줄어든다. 공을 세우는 데 급급해 능력을 뽐내며 자신을 과시하면 끊임없는 암투 속으로 스스로를 내던지는 꼴이다. 그러면 몸과 마음만 피로할 뿐이다.

직장에서 어떤 사람은 머리 회전이 빠르고 어떤 사람은 상대적으로 고지식하다. 똑똑한 사람과 똑똑한 사람이 만나면 겉으로는 이해관계가 잘 드러나지 않지만, 고지식한 사람이 이용당하면 정면충돌하기도 한다. 슬픈 사실은, 고지식한 사람들 대다수가 남에게 이용을 당해도 깨닫지 못하고 순순히 이익 다툼의 희생양이 된다는 사실이다.

미국의 루스벨트 대통령은 임기를 맡기 전에 해군에서 요직을 거쳤다. 어느 날 만찬 자리에서 한 친구가 그에게 미국의 잠수함 기지 건설 계획에 대해 농담조로 물었다. 국가 차원에서 보면 이것은 의심할 바 없는 군사기밀에 해당했다. 루스벨트는 사방을 둘러보고 나서 목소리를 한껏 낮추어 대답했다. "자네, 비밀을 지킬 수 있겠어?" 친구는 루스벨트가 무언가를 말할 거라고 예상하고 확신에 차서 대답했다. "당연하지." 루스벨트는 미소를 지으며 다시 말했다. "그렇군, 나도 그렇다네."

"모든 병病은 입으로 들어오고 모든 화禍는 입에서 나온다"라는 말이 있다. 살면서 겪는 수많은 갈등과 다툼은 말을 삼가지 않기 때문에 빚어지는 것이다. 한번 내뱉은 말은 이미 쏟아버린 물처럼 다시는 주워 담을 방법이 없다. 직장에서 자기 자신에게 엄격하고 낮고 겸손한 자세로 임하는 것은 가장 기본적인 조건이다. 남에게 이러쿵저러쿵하며 일일이 지적하는 것은 타인에 대한 모독일 뿐 아니라 자신을 아끼지 않는 행위이다. 매번 말을 내뱉기 전에 한 번 더 고민해야 한다. 특히 업무 기밀에 관한 내용이라면, 자신에게는 그다지 중요해 보이지 않은 것이라도 다른 사람이 듣기에는 대단한 것일 수 있다. 언행을 삼가고 업무 기밀을 지키는 것은 성공하는 사람들이 알고 있던 단순한 비결 중 하나다. 이렇게 행동해야만 진정으로 자유롭게 자신의 능력을 뽐낼 수 있다. 자기 자신을 지키며 재능을 드러내는 동시에 타인의 존중까지 받을 수 있는 유일한 길이다.

격려의
테크놀로지

　　'인센티브incentive'는 경영 관리 분야에서 자주
등장하는 단어로, 현대 기업에서 광범위하게 사용되기도 한
다. 현대 사전에서 인센티브는 '격려'의 의미가 있다. 인센티브
는 기업 관리 측면에서 결코 소홀히 할 수 없는 부분이다. 효
과적인 인센티브는 조직 발전에 원동력을 제공한다. 인센티브
에는 그만의 특징이 있는데, 조직 구성원의 니즈가 그 출발점
이며, 수요이론의 법칙을 따른다. 인센티브에는 물질적 보상과
정신적 보장, 외재적 보상과 내재적 보상 등 여러 유형이 있다.
　　클래런스 프랜시스Clarence Francis 제너럴푸즈General Foods 회장
은 이렇게 말했다. "한 사람의 시간을 사서 그를 어떤 위치에

고용할 수 있다. 또 시간과 날짜 단위로 기술을 사서 사용할 수도 있다. 그러나 창조성을 살 수는 없다. 몸과 마음을 온전히 바치는 열정을 살 수는 없다. 그러므로 이런 것을 얻기 위해 노력하지 않으면 안 된다."이 말은 인센티브가 경영에서 차지하는 중요성을 생생하고 구체적으로 묘사해준다. 만약 당신이 인센티브를 중요하게 생각하지 않는다면 아래 자료를 통해 직관적인 느낌을 받을 수도 있을 것이다.

어떤 사람이 자기 능력의 20퍼센트에서 30퍼센트만 발휘해도 해고되지 않을 수 있다고 하자. 만약 업무 환경이 뛰어나고 적절한 보수를 받는다면 그가 발휘하는 능력은 60퍼센트 정도까지 올라간다. 만약 그가 위에서 말한 조건에 더해 인센티브를 받는다면 자기 능력의 80퍼센트를 발휘하고, 그것도 매우 짧은 기간 안에 목표를 달성할 수 있다.

과거의 전통적 조직 경영 모델에서는 인센티브의 효과를 충분히 인식하지 못했다. 일상에서 알게 모르게 인센티브 수단을 활용할 뿐 인적 자원 개발과 경영 수준도 비교적 초보적인 단계에만 머물러 있었다. 그러나 시장경제가 급속히 발전함에 따라 '인적 자원'이 기업의 생존과 발전에 미치는 영향력이 증대되었다. 조직의 기본 구성 단위는 사람이다. 그러므로 인적 자원의 보유 상황이 조직 발전에 직접적 영향을 준다는 사실을 깨달아야 한다.

모든 기업에는 공동으로 추구하는 목표가 있다. 이 목표는 기업의 성질에 따라 조금씩 달라진다. 그러나 기업의 성질이 어떻게 변화하든 결코 변하지 않는 사실은, 목표 달성이 결국 전체 기업 구성원의 행동에 달려 있다는 것이다. 또한 구성원이 효율적으로 일할 수 있느냐 없느냐 하는 문제는 개인 능력의 능동적 발휘 여부에 달려 있다. 기업의 목표를 실현하기 위해서는 구성원이 사기와 적극성을 갖추어야 한다. 물론 목표를 실현하는 데는 그 밖의 요소가 주는 영향이 있다는 점을 무시할 수는 없다. 그러나 구성원 개인의 힘도 부정하거나 무시할 수 없다. 외부 요인은 변화의 조건이며, 내부 요인은 변화의 근거다. 이때 외부 요인은 내부 요인을 통해 효과를 발휘한다. 내부 요인이란 곧 사물의 존재와 발전의 근거가 되며, 어떤 사물을 다른 사물과 구분하는 내재적 본질이다. 그것이 미래의 발전 방향을 결정한다. 기업을 예로 들면, 외부 환경이란 기업이 속한 사회의 경제적 상황을 가리키고, 조직 구성원은 그 기업이 진보하고 발전하는 내부 요인이 된다. 그러므로 다른 요인이 아무리 중요하다고 해도 구성원의 적극성이라는 결정적 요소를 부정할 수는 없다.

동서고금을 통틀어 군사 전문가나 정치가, 기업 관리자 들은 인간의 적극성 유발을 중시했다. 기업에서 일정한 인센티브를 주면 직원들의 업무 효율성과 창조 정신, 성실성을 자극할 수 있다. 그럼으로써 기업은 더 우수한 성과를 거두게 되는 것이다. 일본의 자동차회사 도요타가 바로 그러한 실례이다. 도요타는 1983년 인센티브제를 실시해 조직 구성원이 회사 발전과 업무 환경, 보수 문제를 건의할 수 있도록 했다. 그 결과 1년도 걸리지 않아 모두 165만 건의 의견을 받을 수 있었다. 평균적으로 모든 직원이 서른한 건을 제출한 셈이다. 그리고 이런 제안을 통해 회사는 900억 엔이라는 이윤을 거두었는데, 그 해 총이익의 80퍼센트에 해당하는 수치였다. 이처럼 적당한 인센티브는 직원의 업무 효율을 높이고 단기간에 회사에 막대한 이윤을 가져다줄 수 있다.

기업의 생산 경영 활동은 직원의 의식과 목적에 따라 이루어진다. 노동, 노동 대상, 노동 수단은 현대 기업 생산의 3대 요소이다. 이 중에서 노동이란 가장 근본적인 요소이다. 나머지 요소는 노동이라는 요소와 결합해야만 생산력으로 변화할 수 있다. 즉 노동이라는 요소에 힘입어 각자의 몫을 발휘하는 것이다. 노동이라는 적극적 요소가 없고, 조직 구성원의 적극성이 높지 않으면 어떨까? 아무리 좋은 장비와 기술이 있고 경쟁사보다 더 좋은 재료가 있어도 수준 높은 생산물을 만들어낼 수 없다. 그런 까닭에 효과적인 인센티브는 기업의 각종 생산 요소를 효과적으로 사용할 수 있는 필요조건이다.

인센티브의 효과는 매우 중요하다. 인센티브의 수단으로 한비자韓非子는 상벌賞罰이라는 두 가지 수단을 활용했다. 상벌은 시대를 통틀어 통용되는 가치를 지니고 있다. 일반적 상황에서는 상이 벌보다 더욱 많이 이용된다. 그러나 춘추시대를 살았던 한비자는 성격이 강직해 상보다 벌을 더 많이 이용했다. 이것은 당시의 역사적 상황과도 관련이 있다.

우선 상세한 상벌 제도를 만들어야 한다. 고금을 통틀어 군에서는 부대를 관리할 때 엄격한 기준을 정해 상벌을 구분했고, 나라에 큰일이 있을 때도 상과 벌로 엄격히 다스렸다. 사실 현대 경영학도 마찬가지다. 공은 공이고 과는 과다. 공이 많다고 해서 저지른 잘못을 눈감아줄 수 없고, 잘못이 많다고 해서 그가 이룬 공로를 무시해서도 안 된다. 공이 있으면 표창하고 과실이 있으면 벌해야 한다.

세계적 명문대인 하버드 대학교 도서관은 학생들이 책을 외부로 반출하는 것을 엄금하고 있다. 규칙을 어길 시에는 학적을 박탈한다. 그런데 어떤 학생이 학교 규칙을 무시하고 유일본 소장 도서를 자기 기숙사로 가져갔다. 그런데 그날 밤 하버드 대학교 도서관에 불이 나서 많은 자료가 잿더미로 변했다. 그 학생은 오랜 시간 혼자 갈등한 끝에 도서를 가지고 학교에갔다. 당시 교장은 신문을 통해 그 학생에게 감사의 마음을 전했다. 그러나 얼마 뒤 그 학생은 학교 규칙을 어겼다는 이유로 제적을 당했다. 그 학생은 의심할 여지없이 도서관 재건에 큰 공을 세웠다. 하지만 그렇다고 해서 책을 외부로 가져가서는 안 된다는 규칙을 어긴 실수를 덮을 수는 없었다. 하버드 대학교 교장은 상벌의 규칙을 엄격히 준수했을 따름이다. 또한 이렇듯 상벌이 엄격히 규정되어 있기 때문에 하버드 대학교가 줄곧 세계 최고 대학의 자리를 지킬 수 있는 것이기도 하다.

기업 관리자라면 현재 상황에 안주하려는 마음을 극복하고 적극적으로 나서는 창조 정신을 자극하려 힘써야 한다. 주도적으로 일하고 근면히 노력하며 우수한 성과를 거둔 직원에게는 마땅한 명예를 주어 보상하고 이를 통해 적극적인 업무 분위기를 만들어야 한다. 마찬가지로 벌을 주어야 할 때는 과감히 벌을 주고, 이를 교육 수단으로 활용해야 한다. 단순히 벌을 주기 위해서 벌을 주어서는 안 된다. 벌이 그 자체로 조직 구성원에 대한 애정의 표현이자 조직 분위기를 유지하기 위한 수단이어야 한다. 과감히 벌을 주기 위해서는 사사로운 정으로 공적인 업무를 대해서는 안 된다. 진정으로 그를 돕고 교육하려는 관점에서 기준에 따라 엄격히 벌을 주어야지 개인적 선호도나 그 밖의 다른 목적에 따라 행동해서는 안 된다.

　그다음으로 상벌의 시기를 잘 결정해야 한다. 고대 군사 서적 『사마법司馬法』에는 이런 글이 있다. "상을 줄 때는 시기를 넘겨서는 안 된다. 사람들이 좋은 일을 했을 때의 이익을 곧바로 볼 수 있도록 해야 한다. 벌을 줄 때는 장소를 옮겨서는 안 된다. 사람들이 옳지 않은 일을 했을 때의 폐해를 곧바로 볼 수 있도록 해야 한다." 그러므로 인센티브를 줄 때는 시일을 넘겨서는 안 된다. 그래야 사람들이 선행에 동의하는 마음을 품게 된다. 또한 벌을 줄 때 시기를 넘겨서는 안 된다. 그래야 악한 마음을 누르고 선한 마음을 칭송하는 심리를 일으킬 수 있다.

　때에 맞는 상과 벌은 두 가지 좋은 작용을 한다. 첫째, 그 사람의 행위가 인정을 받으면 그런 일을 계속해서 반복적으로 하는 데 도움을 준다. 마치 아이가 걷는 법을 배우는 것과 비슷하다. 첫 번째 걸음을 내디딜 때 곧바로 칭찬해주면 두 번째, 세 번째 걸음을 내디딜 수 있다.
　둘째, 다른 사람들이 상을 받는 사람을 보고 열심히만 하면 인센티브를 받을 수 있다는 사실을 알게 되고, 결국 모든 사람이 앞다투어 노력해 인센티브를 받기를 기대하게 된다.

유치원에 있는 칭찬 카드와 비슷한데, 서로 칭찬을 받으려고 노력할수록 분위기가 점점 더 좋아지는 것과 같다.

만약 제때 상벌을 하지 못하면 뒷날 이를 보충한다고 해도 원래의 의미를 잃어버릴 수 있다. 기대했던 효과도 덩달아 퇴색한다. 다른 사람을 교육하고 격려하는 효과를 얻는 것도 어려워질 수 있다. 이런 식으로 계속해서 반복되면 조직의 응집력에 영향을 주고, 기업의 발전도 방해를 받는다.

동양처럼 인정을 중시하는 사회에서는 '사람'의 영향력이 더욱 중요해진다. 상벌의 정도는 구체적인 대상과 환경에 따라 달라지므로, 기업 관리자라면 반드시 계속해서 고민해야 할 문제일 것이다.

사람을
얻는 일

　　『한비자韓非子』에서는 인재를 고를 때 필요한 관점을 이렇게 설명했다. "나랏일을 어떤 사람에게 맡기는 것은 국가 존망이 걸린 일이므로, 만약 적절한 방법과 기준 없이 사람을 쓰면 어떤 사람을 쓰더라도 실패할 수밖에 없다(任人以事, 存亡治亂之機也, 無術以任人, 無所任而不敗)."

　　법가에서는 법치국가에서 인재를 임용할 때 우둔한 사람을 쓸 수 없고 지혜로운 사람도 쓸 수 없다고 말했다. 우둔한 사람은 천성에 따라 일을 하므로 어떤 일을 하든 좋지 않은 방향으로 발전하며, 시간이 갈수록 엉망이 된다. 반면에 지혜로운 사람은 스스로 지혜롭다는 데 미혹되고, 심지어 자신의 지혜로 윗사람을 속이고 사리사욕을 채우며 초심을 돌아보지 않는다. 그러므로 사람에게 일을 맡길 때는 공적에 따라 상을 주고 그 재능에 맞는 일을 주어야 한다고 했다. 일을 시작할 때부터 세심히 관찰하여 잘못을 저지른 사람에게 죄에 맞는 벌을 주고 재능이 있는 사람은 포상하고 발탁하는 것이야말로 진정 사람을 쓰는(用人) 길이라는 것이다.

"정치를 하는 도리는 사람을 얻는 데 있다" "사람을 얻는 자는 흥하고 사람을 잃는 자는 망한다" 등의 격언을 통해 짐작할 수 있듯 옛 사람들은 일찍부터 인재의 중요성을 이해하고 있었다. 한 국가, 한 산업, 한 기업의 흥망성쇠는 많은 부분 우수한 인재를 대량으로 육성하고 끌어들이는 데 달려 있다.

현대 기업의 핵심 경쟁력은 점점 더 인적 자원 육성과 배치, 제어 능력에 대한 차원으로 전환되고 있다. 지식 인재의 보유와 운용 능력은 기업의 흥망과 선순환을 이룬다. 인적 자원을 합리적으로 배치하면 기업이 발전하는 데 도움을 주고, 기업이 발전하면 그 과정에서 끊임없이 인재를 끌어들이게 된다. 현대 기업 경영에서 인재는 가장 중요한 요소다. 제도는 기업을 경영하는 법칙이며, 창조성은 기업 경영의 혼이 될 수 있지만, 제도나 창조성 모두 인재라는 기초적 구성 요소를 떠나서는 존재할 수 없다. 많은 기업이 성공의 원인을 분석할 때 인재 선발과 임용, 개발을 첫 번째로 꼽는 이유가 이것이다.

기업 문화는 인적 자원을 통해 만들어진다. 건전한 기업 문화는 기업의 효율성과 브랜드 가치, 기업의 부가가치를 높여주며, 일상적인 지출 원가를 줄임으로써 기업 경쟁력을 강화한다. 기업 문화를 만드는 데는 사람의 역량을 빼놓을 수 없다. '사람'은 일의 기초이며, 기업 주체의 근본적 요소이다. 전체 구성원이 비교적 높은 소양을 가지고 기업의 미래를 위해 노력한다면 그 기업 내부에는 구심력이 만들어진다. 오래 근무한 사원이든 신입사원이든 공통된 문화 아래 서로 영향을 주고받으며 가치관을 공유하면 귀속감과 안정감을 느낄 수 있다.

기업이 오랫동안 쇠퇴하지 않고 늘 새로워지려면 인적 자원을 꾸준히 확보해야 한다. 브랜드를 통해 일시적인 성공을 거두고 우수한 생산품으로 잠깐의 성공을 맛볼 수는 있지만 오래 살아남기 위해서는 결국 인재에 의지할 수밖에 없다. 지금은 정보가 폭발적으로 증가하는 지식경제 시대이다. 이런 시대에는 많은 것들이 영원히 살아남을 수 없다. 적지 않은 자원이 이내 다른 사물로 대체된다. 그러나 인재는 여전히 필수불가결한 요소다. 기업이 창조성을 확보해 발전할 수 있는 기초이며, 활력을 유지할 수 있는 든든한 뒷배인 셈이다.

어떤 기업이 이전에 거둔 성공의 열쇠는 뒷날의 진보를 가로막는 요인이 되기도 한다. 북유럽 휴대전화 브랜드인 노키아Nokia의 심비안symbian 운영체제는 해당 시장에서 상당히 오랫동안 독보적 지위를 유지했다. 그러나 뒷날 새로운 기술을 가진 인재를 끌어들이지 못했고, 시대의 흐름을 따라가지 못해 결국 시장 점유율이 급속히 줄어들었다. 그러다 2007년에는 일본 시장에서 철수했다. 기업이 활력을 유지하고 싶다면 끊임없이 신선한 피를 끌어들여야 한다. 새로운 지식과 기술을 가진 인재야말로 기업의 발전에 중요한 촉진제가 된다.

기업의 성패를 가늠하는 저울은 인재라는 무게추에 좌우된다. "산업은 인재를 통해 이루어지고 인재로 말미암아 확장된다"는 말이 있다. 현대 기업의 자원 점용은 기업의 하드웨어 측면에만 국한된 것이 아니다. 소프트웨어 측면, 즉 인적 자원의 점유와 질적 측면에서도 이루어진다. 직원의 숙련된 기능은 현대 기업의 실력을 가늠하는 지표 중 하나다. 하이테크 인력을 누가 얼마나 많이 보유하고 있는가에 따라 누가 격렬한 시장 경쟁에서 주도권을 쥘 수 있는지가 결정된다. 이것이 바로 기업이 전략을 짜고 승리를 거두는 관건이 되기도 한다.

현대 기업에서 인적 자원이 차지하는 위치는 갈수록 중요해지고 있다. 인품과 실력은 기업이 사람을 뽑을 때 고려하는 두 가지 큰 기준이며, 둘 중 하나라도 빠뜨릴 수 없다. 인품은 좋지만 상응하는 기술 수준이 낮은 직원은 기업에 많은 이익을 가져다줄 수 없다. 반대로 기술은 뛰어나지만 인품이 나쁜 직원은 기업이 내부적으로 단결하는 데 힘을 보탤 수 없다. 직원을 선발하는 것은 단순한 문제가 아니므로 마땅히 신중히 고려해 인품과 실력을 갖춘 인재를 선발해야 한다.

옛사람들은 "열 걸음 거리 안에 향기로운 풀이 있고, 열 가구가 있는 동네에는 반드시 충렬지사가 있다"고 했다. 세상 곳곳에 재능이 있고 인품을 갖춘 사람이 있다는 뜻이다. 인재는 계속해서 배출된다. 그러므로 인재를 어떻게 선발해서 쓰는지가 기업 발전을 위해 우선적으로 고려해야 할 사항이다. 법가의 관점에서 따져보면, 그 기준이 되는 것은 크게 두 가지, 즉 재능과 품성이다.

재능을 따질 때는 네 가지를 고려해야 한다. 학력, 능력, 성취, 그리고 인맥이다. 학력은 인재를 가늠하는 중요한 근거 중 하나다. 특히 기술 위주 조직과 중간 관리직에서는 학력의 고하가 종종 그 사람이 갖춘 기술력의 강약을 대표하기도 한다. 물론 학력이 실력과 반드시 같은 것은 아니다. 하지만 나름의 작용을 하는 것은 사실이다. 막 대학을 졸업한 사람일 경우에는 높은 학력이 비교적 좋은 출발선에 있다는 것을 의미한다. 같은 나이대의 사람과 비교해도 명백히 우위에 있고, 그래서

기선을 잡기 쉽다.

능력은 기업이 인재를 선발하는 데 갈수록 중요한 요소가 되고 있다. 특히 마케팅이나 홍보 담당 같은 특정한 자리는 실력이 학력보다 훨씬 중요하다. 소통 능력과 협동 능력도 직장에서 반드시 갖추어야 할 자질이다. 학력이 낮지만 능력이 뛰어난 사람이 리더가 되는 경우는 부지기수다. 기업이 인재를 선발할 때는 반드시 이 점을 인식하고 있어야 한다.

사람은 앞으로 나아가는 과정에서 끊임없이 시련을 겪고, 끊임없는 성취를 이룬다. 이런 시련과 성취는 그 사람이 성장하는 데 도움을 준다. 따라서 어떤 사람이 이룬 성취가 얼마나 높은지 살피는 것은 기업이 인재를 선발하는 기준 중 하나다. 유명 기업에서 일한 이력, 관련 업무 경험, 업계 내에서 거둔 우수한 실적 등이 모두 뛰어난 성취를 보여주는 증거다. 그런가 하면 연예계에서는 이런 말이 유행한다. "어떤 사람이 성공할 수 있는지 알려면 무엇을 아느냐가 아니라 누구를 아는지 보라." 현대사회에서 인맥의 중요성은 굳이 말하지 않아도 누구나 알고 있는 사실이다. 넓은 인맥을 가지고 있으면 일의 효율이 오르게 되어 있다.

품성을 따질 때는 두 가지를 고려해야 한다. 바로 성격과 소질이다. 어떤 대학에서는 학생들이 졸업할 때가 되면 취업 지도를 한다고 한다. 모든 학생이 전문적인 성격 테스트를 받는데, 자기 자신을 알면 자기 성격이 어떤 직업에 맞는지 알 수 있기 때문이다. 적지 않은 기업이 면접을 볼 때 각종 직업 테스트로 지원자의 성격을 파악한다. 오늘날은 직업 현장의 스트레스가 날로 커지고 기업이 직원에게 요구하는 수준도 갈수록 높아지고 있기 때문에, 개인의 성격이 직장 내 발전을 좌우하는 중요한 요소로 자리 잡았다. 자신감 있고 낙관적인 사람은 동료에게도 긍정적인 영향을 줄 수 있다.

많은 기업이 인재를 선발할 때 개인의 재능을 더 중시하지만, 품성은 여전히 중요한 판단 기준이다. 춘추시대 안자晏子가 중요시한 것이 바로 덕德이다. 안자는 덕이 있어야 인재로 쓸 수 있다(唯德是擧)고 주장했다. 삼국시대의 제갈량도 인재의 소양을 매우 중시했다. 예로부터 도덕과 품성이야말로 관리를 선발하고 인재를 임용하는 기준 중 하나였음을 알 수 있다.

오늘날 기업이 요구하는 인재상은 전문형 인재에서 융합형 인재로 변화하고 있다. 이는 기업의 발전을 위한 요구일 뿐만 아니라, 시장경제의 자연스러운 요구이기도 하다. 그러므로 인재를 임용할 때 성품과 재능을 고루 중시해 공정하게 선발해야 진정으로 뛰어난 인재를 뽑을 수 있을 것이다.

듣는 것이
말하는 것보다 세다

당태종이 재상 위정魏征에게 물었다. "한 나라의 군왕으로서 어떻게 해야 시비를 가리고 다른 사람에게 속지 않을 수 있겠는가?" 위정이 대답했다. "한 나라의 군왕이 오직 한쪽 말만 들으면 머리가 흐려져서 잘못된 판단을 내릴수 있습니다. 여러 사람의 의견을 널리 듣고 정확한 주장을 받아들여야 다른 사람에게 속지 않을 수 있습니다. 그래야 아래의 상황을 명확하게 이해할 수 있을 것입니다."

즉 양쪽의 이야기를 들으면 지혜로워지고 한쪽 말만 들으면 아둔해진다는 것이다.

우리는 종종 도저히 이해할 수 없는 일이나 불명확한 상황을 접하게 된다. 이럴 때는 주관적인 억측을 하거나 다른 사람의 의견을 묻는다. 그러나 어떤 선택을 하더라도 우리가 이해하는 것은 완전한 모습이 아니며, 심지어 오류가 발생하기도 한다. 『전국책戰國策』에 나오는 위나라 대신 방총龐葱의 이야기가 바로 그러하다.

전국시대에는 전쟁이 끊이지 않았다. 그래서 상호 불가침 조약을 맺기 위해 각국은 일반적으로 태자를 상대방 국가에 보냈다. 그럼으로써 자신들이 그 나라를 침략할 뜻이 없다는 것을 드러내고, 한편으로는 상대국의 태자를 인질로 삼은 것이다. 위나라 대신 방총이 위나라 태자를 데리고 조나라에 가기로 예정되어 있었다.

방총은 나라 안에서 적이 많았는데, 앞날을 위해 먼 길을 떠나기 전에 위왕에게 이렇게 말했다. "한 사람이 시장에 호랑이가 나타났다고 말하면 대왕은 믿으시겠습니까?" 위왕이 답했다. "당연히 믿지 않네." 방총이 다시 물었다. "만약 두 번째 사람이 시장에 호랑이가 나타났다고 말하면 믿으시겠습니까?" 위왕이 답했다. "그러면 반신반의하겠지." 방총이 연이어 물었다. "만약 세 번째 사람이 시장에 호랑이가 나타났다고 말하면 어떻게 하시겠습니까?" 위왕이 답했다. "그러면 정말 호랑이가 나타났다고 믿겠지." 방총은 만족스러운 답을 듣고는 이렇게 말했다. "시장에 호랑이가 출몰하는 것은 불가능한 일입니다. 하지만 세 사람이 같은 말을 말하면 여론을 호도해 정말로 호랑이가 나타났다고 믿게 만들 수 있습니다. 지금 조나라의 수도 한단邯鄲은 우리 위나라 수도 대량大梁에서 무척이나멀고, 이곳의 시장은 매우 가깝습니다. 그동안 저를 모함하는 사람이 셋에 그치지는 않을 것입니다. 바라옵건대 대왕께서는 지혜롭게 살펴주시옵소서." 위왕이 말했다. "무슨 뜻인지 잘 알겠네."

그러나 뒷날 방총이 태자를 데리고 귀국했을 때 위왕은 결국 다시는 그를 부르지 않았다.

시장은 사람이 많은 곳이고, 당연히 호랑이 같은 맹수가 출현할 리 없다. 시장에 호랑이가 나타났다고 말하는 사람은 분명히 황당무계한 이야기를 하는 것이다. 그러나 소문이 입에서 입으로 전해지면 사물의 본질에 입각해 문제를 바라보지 않는 한 거짓을 진실이라고 믿게 된다. 『전국책』의 고사는 본래 위나라 혜왕惠王의 무지를 풍자하는 것이지만 후세에 살이 붙으면서 '삼인성호三人成虎'라는 고사성어로 만들어졌다. 대개 헛소문이 진실을 덮을 수 있다는 것을 비유하는 데 쓰인다. 유언비어라 할지라도 여러 사람이 반복해서 말하다 보면 진실이라고 믿게 된다는 뜻이다.

　다양한 의견을 취합하는 것은 복잡다단한 세상을 살아가는 데 필요한 필수 선택이다. 다양한 의견을 들어 지혜를 가다듬지 않으면 맹목적이고 독단적이 되며, 심지어 원래 가지고 있던 시야마저 좁아지는 결과를 낳는다. 직장에서는 끊임없이 전략을 결정해야 한다. "지혜로운 자라 할지라도 여러 번 생각하다 보면 실수할 수 있고, 어리석은 자라 할지라도 여러 번 생각하다 보면 좋은 생각이 나올 수 있다"고 했다. 아무리 뛰어난 사람일지라도 실수를 피하려면 결정을 내릴 때 최대한 뭇사람의 지혜를 물어야 한다. 그러나 다양한 의견을 취하는 것은 몇몇 사람에게 의견을 묻는 것만으로 끝나는 간단한 일이 아니다.

　여러 사람에게 지혜를 구할 때는 광범위한 채널을 만드는 데 중점을 두어야 한다. 공식 소통 채널뿐 아니라 비공식 소통 채널도 필요하다. 상하 간 채널뿐 아니라 수평적 소통 채널도 늘리려고 노력해야 한다. 또한 각종 소통 시스템의 장점과 단점을 명확히 알아야 각종 상황에 맞는 다양한 방식을 사용해 변화를 줄 수 있다. 이렇게 해야 소통 시스템을 효과적으로 운영할 수 있다.

　일본 도요타 자동차의 작업장에서는 어디에서나 건의함을

찾아볼 수 있다. 이것이 바로 도요타의 특수한 소통 시스템이다. 회사 각 부문에는 모두 건의위원회와 사무국이 설치되어 있다. 그들이 하는 일은 건의된 내용을 관철하고 실제 현장에서 구체화하는 것이다. 건의 내용 제출을 책임지고 건의한 사람에게 포상을 하는 것도 그들의 임무 중 하나이다.

미국의 IT 기업인 탠던Tandon은 매일 퇴근 시간 뒤에 모든 직원이 남아 5분간 회의를 한다. 이 시간에는 상하 구별 없이 어떤 사람이라도 회사의 문제에 대한 생각을 이야기할 수 있고, 회사의 모든 전략 결정에 참여할 수 있다. 5분간 거론된 모든 의견은 평가하거나 분석하지 않는다. 회의 진행자도 의견 발표를 삼가 자유로운 분위기에 영향을 주지 않으려고 노력한다. 이런 특이한 소통 시스템이 때로는 문제를 해결하는 데 커다란 도움이 된다.

한편 상하이 시정부는 2000년에 특별 기구를 설치해 시민에게 직접 행정 건의를 받았다. 그 결과 2년도 되지 않아 4,400건의 건의를 수렴했고 그중 600여 건을 중점적으로 받아들였다. 진정으로 시민의 지혜를 모아 우수한 정책을 채택하는 모범적 대안을 제시한 것이다.

다양한 의견을 듣기 위해서는 반드시 여러 각도에서 문제를 바라보고 상대의 의견을 받아들이도록 노력해야 한다.

면접을 볼 때 나는 이렇게 질문하곤 한다. "당신은 왜 이전에 다니던 회사를 그만두었습니까?" 흔히 듣는 답변은 이렇다. "상사와 생각이 같지 않았습니다. 그의 관점에 동의하기 어려웠습니다." 사람들의 답변은 놀랄 정도로 유사하다.

그들은 대부분 막 대학을 졸업하고 사회에 뛰어든 젊은이들로, 업무 경험이나 이력이 그다지 많지 않다. 그들이 회사를 떠나는 이유는 단지 젊은 혈기로 빚어진 일시적인 충동에 불과할 때가 많다. 즉 합리적 사고와 전문적 판단으로 내린 결정이 아니다. 사실 세월이 지나고 사회 경험을 쌓은 뒤에 돌이켜 생각해보면 그때 상사가 내린 판단이 반드시 틀린 것은 아니라는 사실을 발견할지도 모른다. 마찬가지로 자기 자신이 반드시 옳았던 것이 아닐 수도 있다. 성공적으로 문제를 해결하는 방법은 한 가지만이 아니다. 어떤 프로젝트를 시작하기 위해 고려해야 할 사항은 매우 다양하다. 그러므로 전체 국면과 자신의 실력 여부도 반드시 고려해야 할 부분이다. 긍정적 요소라고 해도 제대로 장악하지 못하면 도리어 불리한 요소가 된다. 반면 부정적인 자원이라도 잘 이용하기만 하면 유리한 요소가 될 수 있다. 직장에서는 표면적인 것으로 어떤 일의 성공 여부를 판단할 수 없다. 일이 진행되는 과정에서 시기와 자원을 융통성 있게 조정해야 모든 문제를 조리 있게 해결할 수 있다.

마지막으로, 다양한 의견을 듣기 위해서는 전문적인 지식을 습득해야 한다. 오늘날 기업 경영과 관리는 나날이 복잡하고 어려워지고 있다. 전통의 가부장적 관리 모델은 현대적 기업 경영에 들어맞지 않는다. 이미 한두 가지 분야의 전문 기술을 가진 전문가라고 해도 적응하기가 어려워졌다. 그러므로 다양한 분야의 전문가 혹은 전문가 그룹을 통해 기업을 관리할 필요가 있다. 선진국에서는 이미 20세기 중반에 싱크 탱크가 출현했다. 예를 들어 어떤 전자 상거래 기업은 모든 물류 관리를 전문 기업에 위탁하고 있다.

　도를 깨닫는 데 선후가 있듯, 기술에는 전공 분야가 있기 마련이다. 우리 모두가 모든 재능을 골고루 갖춘 비범한 인재일 수는 없다. 많든 적든 잘 알지 못하는 부분이 있다. 이런 상황에서 전문가에게 전략 수립에 도움을 구하면 당면한 문제를 해결하는 데 도움이 되고, 한편으로는 원가를 절감해 남은 비용을 경쟁력 있는 분야에 오롯이 쏟을 수 있을 것이다.

마음 공략과
이해 공감

　　기업은 전략에 따라 발전하고, 이념에 따라 결정을 내린다. 전략과 이념의 좋고 나쁨은 적당한 인재를 기용하는 데 달려 있다. 그러므로 인재를 선발하는 일이 매우 중요하다. 용인술用人術 중에서 가장 좋은 것은 상대의 마음을 공략하는 것이다.

　청나라 말기 증국번은 반혁명 군대 '상군湘軍의 아버지'라고 불렸다. 그는 상군을 만들고 통솔한 장수였으며, 동시에 청나라 군사가이자 정치가, 유학자, 서법가, 문장가였고, 산문 유파인 '상향파湘鄕派'의 창시자였다. 청나라 말기의 중흥을 이끈 4

대 명신 중 하나라는 영예를 누렸고, 양강(장난성과 장시성을 이르는 말) 총독, 즈리(허베이성 만리장성 부근 지명) 총독, 무영전 대학사를 지냈으며, 일등의용후一等毅勇侯에 봉해졌고 문정文正의 시호를 받았다. 증국번은 한마디로 전기적 인물이었다. 그런데 그가 이룬 업적은 용인술과는 떼려야 뗄 수 없다. 증국번은 "천하에 큰일을 도모하고자 한다면 반드시 천하의 인심을 얻어야 한다"라고 말했다. 고금을 통틀어 무릇 성공한 사람치고 사람의 마음을 훔치지 않은 이가 없었다. 만약 스스로 대단하다고 여겨 오만한 태도로 천하를 내려다보며 독불장군처럼 행세한다면 아무리 능력이 뛰어나도 기껏해야 남의 발판이 될 뿐이다. 증국번이 큰 성공을 거둔 비결은 천하 사람들의 마음을 훔쳐 사용한 데 있다. 그의 제자인 이홍장은 이렇게 평가했다. "사람의 마음을 훔치는 기술은 선생님이 상대방을 공략하는 비결이었다."

인재를 기용하려면 반드시 두 가지 선결 조건을 갖추어야 한다. 첫째, 리더로서 사람을 쓰기를 원한다. 둘째, 아랫사람으로서 리더의 지도를 받기를 원한다. 어떤 상황에서든 사람을 쓸 때는 이 두 가지 조건이 필요하다. 어떤 의미에서 보면 두 번째가 첫 번째보다 더 중요하다. 인사 시스템에서 관리를 받는 위치에 있는 사람의 마음이 일반적으로 더 복잡하기 때문이다. 그러므로 리더의 위치에 있는 사람은 아랫사람의 마음을 정확히 이해하고, 바로 그 점에서 출발해 그의 마음을 정복하고 기꺼이 자신을 위해 힘을 다하고 공경하고 복종하고 사랑하도록 만들어야 한다. 먼저 자신의 인격으로 상대방을 끌어들여야 한다. 그러나 이렇게 하는 것은 결코 쉽지 않다.

역사를 돌이켜보면 리더의 위치에 있는 사람은 책략이 뛰어났고, 수완이 얼마나 좋으냐에 따라 전혀 다른 결과를 냈다는 사실을 알 수 있다. 후한 말기에 조조는 관우가 유비의 처자식을 보호한다는 약점을 이용해 그를 자기 곁에 머물도록 계략을 꾸몄다. 그러나 조조는 진정으로 관우의 마음까지 얻지는 못했다. 관우를 늘 극진히 대하며, 미인과 호화로운 저택, 갑옷과 명마를 내주었지만 돌아오는 것은 유비에 대한 관우의 흔들림 없는 충심을 확인하는 것뿐이었다. 관우의 몸은 조조의 진영에 있었지만 그의 마음은 유비에게 있었다. 유비는 조조와 달랐다. 삼고초려를 하며 진실한 태도를 드러냈고, 삼일 동안 목욕재계하고 눈보라도 두려워하지 않았다. 마침내 제갈량을 얻고 나서는 공동의 목표를 위해 진실로 노력하기를 바랐다. 제갈량이 쓴 「출사표出師表」에는 그때의 감정이 잘 드러나 있다. "선제先帝는 신이 보잘것없다 여기지 않고 스스로 몸을 굽혀 신의 초가를 세 번이나 찾으셨습니다."

삼국시대의 두 가지 이야기를 통해 마음을 공략하는 전략이 사람을 쓰는 데 얼마나 중요한 작용을 하는지 이해할 수 있다. 현실적으로 리더의 자리에 있는 사람이라면 일반적으로 아랫사람이 무엇을 원하는지를 반드시 알아야 할 필요가 있다. 달리 말하면 직원들이 리더에게 어떤 기대와 바람을 품고 있는지 알아야 한다. 동시에 그들이 리더에게 바라는 점을 이해하려면 진정 마음속으로 무엇을 원하는지 이해해야 한다.

에이브러햄 매슬로Abraham Maslow의 현대 경영학 이론에 따르면, 부하가 원하는 것은 네 가지로 나눌 수 있다. 안전 욕구, 애정 욕구, 존경 욕구, 사업적 성공 욕구가 그것이다.

첫째, 모든 사람의 마음에는 많든 적든 근심거리가 있다. 이런 근심은 내면의 불안감을 조성한다. 만약 불안감이 지나치면 삶의 질에 영향을 준다. 직장도 마찬가지다. 마음속 불안감이 지나치게 커지면 작업 효율에도 심각한 영향을 주고 이는 기업에도 좋지 않다. 모든 직원은 리더가 공정하고 공명정대하길 바란다. 남을 해치거나 모함하는 일 없이 각자의 실력에 따라 판단하며, 회사에 어떤 문제가 발생했을 때는 리더가 용감하게 책임을 지고 어느 누구도 속죄양으로 만들어 내팽개쳐서는 안 된다는 것이다. 정확히 말하자면 안전을 추구하는 것은 모든 부하가 리더에게 요구하는 기본적인 희망사항이며,

심리적으로 가장 아래에 깔린 것이다.

둘째, 오늘날 지식문화의 수준이 높아지면서 사람들은 갈수록 심리적 느낌을 중시하게 되었다. 혼자 있는 것을 좋아하는 사람이라 해도 아무것도 신경 쓰지 않고 혼자서 생존할 수는 없다. 말하자면 애정을 추구하는 것은 인문정신의 또 다른 형태이다. 리더가 일하는 틈틈이 내면의 고충을 들어주기를 바라는 것은 반드시 업무에 국한되는 것이 아니다. 삶에서 만나는 갖가지 어려움을 제때 해결하는 데도 도움을 줄 수 있다. 비록 해결할 수 없는 문제도 있지만 최소한 부하에게 관심을 나타낼 수는 있을 것이다. 그저 배려의 말에 불과할 수도 있고, 어쩌면 실질적으로 도움이 되는 물질적 원조일 수도 있지만, 부하가 자신이 몸담은 조직에 애정을 느끼고 단결력을 높이는 데 큰 작용을 한다. 안전감을 추구하는 것과 마찬가지로, 애정을 추구하는 것도 비교적 아래에 놓인 심리적 욕구이다.

셋째, 모든 사람은 성격이나 능력에서 남에게 인정받기를 원한다. 이것은 앞의 두 가지 심리적 욕구를 충족한 다음에 오는 높은 수준의 욕구이다. 물론 모든 리더가 부하들의 기대와 요구에 부응할 수 있는 것은 아니며, 모든 부하가 리더에게 만족하는 것도 아니다. 그것은 이미 비교적 높은 수준의 심리적 욕구이기 때문이다. 리더가 부하를 충분히 이해하고 신뢰하며 중요한 조직 경영 활동에 참가하도록 독려하고, 중요한 업무를 맡기고 합리적 건의라면 어떤 것도 겸허히 받아들이면 어떨까? 부하는 자신이 매우 중요하다고 느끼게 될 것이다. 이는 그가 자아를 실현할 수 있도록 돕는 길이기도 하다.

넷째, 적지 않은 사람들이 자신이 그다지 원하지 않는 일을 하고 있다. 그들이 자신의 능력을 발휘하는 것을 방해해서는 안 되며, 그것을 더욱 발전시킬 수 있도록 도와야 한다. 리더와 부하가 서로 흥미가 일치하고 공통된 목표를 가지고 있으면 부하에게 도움을 주어 사업적 성공을 이룰 수 있도록 자극할 수 있다. 그렇게 되면 직원은 진심을 다해서 회사를 위해 무언가를 해내려고 할 것이다. 필요할 때는 리더가 부하의 빠른 성공을 위해 일정한 위험 부담을 떠안을 수도 있다. 이것도 심리적 욕구 중 가장 높은 층위에 속한 것이다.

진정한 리더라면 위에서 말한 네 가지 심리적 욕구를 자세히 파악할 뿐 아니라 각자에 맞는 특수한 심리적 욕구까지 파악해야 한다. 부하들이 현재 처한 구체적 상황에 따라 그에 맞게 대응하는 것이다. 사람에 따라 방법을 달리하며 그들의 마음을 공략해야 한다.

용인술이 난관에 봉착했을 때는 일종의 전환을 꾀해볼 수 있다. 그러면 원래 길은 맞았지만 방법이 틀렸다는 것을 알게 될 것이다. 관리자는 자신의 의도를 과도하게 드러내서는 안 되지만, 상대방이 진심을 다해 그를 생각하고 있다고 여기게 만들어야 한다. 상대방의 사고에 논리적 모순이 있다는 사실을 발견해도, 이를 통해 상대방을 끌어들이는 방법을 알아야 한다.

이때 주의해야 할 점이 하나 있다. 마음을 공략하는 것이 어떤 권력자가 자기 목표를 실현하기 위해 휘두르는 정치적 권모술수라고 오해해서는 안 된다는 것이다. 이런 식으로 이해하면 원래 목적과는 완전히 다른 일이 벌어진다. 물론 적지 않은 통치자들이 권모술수로 사람의 마음을 사들여왔다는 사실은 부인할 수 없다. 그러나 그들은 대부분 일시적으로 뜻을 이루었지만 오래도록 지속하지는 못했다. 일단 아랫사람들에게 속내를 들키고 나면 이전의 의도는 철저히 실패하고 만다. 리더가 진정으로 이상적인 효과를 얻고 이를 장기간 유지하고 싶다면 속마음에서 우러나오는 존경을 이끌어내야 한다. 그 방법은 오직 하나뿐이다. 바로 나의 마음으로 상대의 마음을 사는 것이다. 진심으로 부하를 대하는 것 말고는 다른 방법이 없다. 우리가 상대의 마음을 공략하는 진정한 뜻도 바로 여기에 있다.

인생의 심장은
인정이다

"무릇 천하를 다스리고자 한다면 반드시 인정을 얻어야 한다(凡治天下, 必因人情)." 이는 한비자가 지도자들에게 권고했던 여덟 가지 기본 원칙 중 첫째 사항이다. 사람과 사람의 관계 중 본능적 감각은 사람(人)과 정情의 결합이며, 이것을 '인정'이라고 부른다. 또한 인간 세상이 사람으로 이루어진 까닭에 다른 말로 '세정世情'이라고도 부른다. 결국 인정 또는 세정은 사람과 사람 사이를 묶는 일종의 생존 관계다. 인정은 만질 수도 없고 볼 수도 없는 것이지만 실제로 존재하며 엄청난 작용을 한다. 부모와 자녀 사이의 관계에서 처음 시작되며, 인류의 생존과 지속을 위해 남녀가 결합하면서 사람과 사람 사이의 감정, 즉 본격적인 인정이 나타난다. 자녀를 낳아 기르고 가정을 이루는 과정에서 사람이 점점 많아질수록 인정의 범위도 가족, 부락, 조직, 사회, 국가 등으로 점차 확대된다. 그러므로 사회가 발전하는 본질은 인정의 연장과 촉진이라고도 말할 수 있다.

이 세상에는 가난하지만 재주가 있는 사람이 적지 않다. 그들은 대부분 지식이 풍부하고 학문도 깊으며, 심지어 어떤 사람은 천재적인 능력도 갖추고 있다. 그러나 그들 중 종종 몰락하는 사람이 있다. 그들보다 못한 재능을 가진 사람들이 도리어 성공을 거두고 금의환향하는데, 그 이유는 무엇일까? 모두 똑같이 두 어깨에 머리 하나씩 달고 살아가는데, 왜 인생은 이렇게 큰 차이가 나는 것일까?

그 원인은 사실 처세다. 달리 말해 처세를 잘하느냐 못하느냐가 그 사람의 인생을 결정한다. 성공을 거두느냐 아니면 무명으로 지내느냐가 여기에 달려 있다. 어느 노래 가사에서는 "인생은 게임과 같다"고 말했다. 그러므로 오랜 세월 이어져 내려온 '처세술'을 물려받는 것은 이 게임의 중요한 규칙이다. 자와 컴퍼스가 없으면 정확한 크기의 사각형도 원도 그릴 수 없다. 마찬가지로 처세에 능하지 못하면 인생길에서 비틀거리며 힘든 발걸음을 내디뎌야 한다. 거꾸로 말해서 처세에 능해야 게임에서 승기를 잡을 수 있고, 인생길에서도 물을 만난 물고기처럼 순조롭게 헤치고 나아갈 수 있다. 그래야 자신의 세상을 열고 자신이 원하는 모든 것을 얻을 수 있다. 사회의 본질과 숨은 규칙을 이해하고, 상대방이 무엇을 원하며 머릿속으로 무엇을 생각하는지 알아야 그들을 사로잡을 수 있다. 물고기가 아닌데 어찌 물고기의 즐거움을 알겠는가. 물고기를 낚고 싶다면 먼저 물고기처럼 생각해야 하는 법이다.

이 세상에는 영원한 원수도 영원한 친구도 없다. 오직 영원한 이익이 있을 뿐이다. 사람과 사람의 관계 맺음이란 본질적으로 이익을 교환하는 것이다. 이런 이치를 깨닫지 못하는 사람은 어떤 이익을 마주했을 때 갖은 방법으로 독점하며 남과 나누려 하지 않을 것이다. 그렇게 되면 조만간 뭇사람들에게 버림을 받는다. 나무가 쓰러지면 원숭이는 흩어지기 마련이다. 그때는 아무리 뛰어난 학식과 경륜을 지니고 있어도 쓸모없는 백지나 다름없어진다.

동양에서는 어떤 일을 하든 약간의 여지를 남기는 것을 중시했다. 『채근담』에는 이런 말이 나온다.

"인정이란 변하기 쉽고 인생길은 기구하다. 헤쳐 나가기 어려운 곳에 이르렀을 때는 모름지기 한 걸음 물러날 줄 알아야 한다. 길이 순조로울 때는 사람들에게 삼 할 정도는 양보하는 지혜를 발휘해야 한다."

이렇게 해야 복을 좇고 화를 피하며, 진정 자유로운 삶을 살 수 있다.

무릇 모든 일에 삼 할을 양보하면, 다른 사람의 숨통을 틔워줄 뿐 아니라 직장 내 인간관계에서 유리한 카드를 쥘 수 있는 절묘함을 맛볼 수 있다. 성공한 사람들은 모두 이 점에 주의했다. 예를 들어 어떤 프로젝트를 해낼 능력이 충분히 있어도 힘을 보탤 친구를 끌어들여 함께 완성한다. 이를 통해 자신의 아량을 드러내는 것이다. 유아독존唯我獨尊이야말로 가장 위험한 처세 방식이다. 그에 비하면 이익을 골고루 나누어 가지는 것이 더 좋은 방법이다. 고기가 한 사람 먹을 양만 있더라도 탕을 끓여 모두 함께 먹을 수 있어야 한다. 이렇게 해야 조직의 조화를 꾀할 수 있다. 여기에 천 년을 넘게 이어진 '숨은 규칙'이 농축되어 있다. 이 처세술을 운용할 수 있는가 여부는 앞으로 당신의 인생이 험난한지 수월한지를 결정짓는 기준이다.

독수리가 가지 위에 있을 때는 마치 잠에 든 것 같은 모양새다. 호랑이가 산속을 주유할 때는 게으름을 피워서 마치 병이 든 것처럼 여겨질 정도다. 그러나 감히 누가 그들을 깔볼 수 있겠는가. 그래 봤자 먹이가 되고 말 것이다. 진정으로 총명한 사람은 독수리와 호랑이처럼 낮은 자세로 고개를 숙인다. 요란을 떨거나 자신을 과하게 드러내지 않으면 큰 성공을 거둘 수 있다. 옛사람들은 이렇게 말했다. "진정한 인물은 얼굴에 드러내지 않으며, 얼굴에 드러나는 사람은 진정한 인물이 아니다(真人不露相, 露相不真人)." 즉 진정으로 똑똑한 사람은 몸에 절기를 가지고 있어도 깊게 감추어 드러내지 않고, 결코 아무데서나 뽐내지 않는다. 그러다 기회를 기다려 세상을 놀라게 한다. 재능은 사람이 성공할 수 있는 기초다. 그러나 제아무리 능력이 뛰어나도 하루 종일 자랑만 할 수는 없는 노릇이다. 진정으로 지혜로운 자는 아둔해 보인다는 말이 바로 이런 이치를 담고 있는 것 아니겠는가?

미녀는 자기 아름다움을 자랑하는 순간부터 추해지고, 부자는 자기 재물을 자랑하는 순간부터 가난해진다. 총명한 사람은 자기 머리를 자랑하는 순간부터 아둔해지며, 재능이 넘치는 사람이 자기 지식을 자랑하는 순간부터 보잘것없어진다. 우리는 모두 마음속 깊은 곳에서 자신을 굳게 믿는다. 그러나 색안경을 끼고 남을 바라보아서는 안 된다. 자기 자신만 중요하게 생각하고 남은 지나치게 얕잡아보아 자기 능력이 월등하고 모두 자기를 신뢰한다고 여긴다면 어떨까? 이런 사람은 조만간 일상생활과 직장 생활에서 크게 곤두박질을 치게 된다.

어떤 꽃은 봄날에 다른 꽃이 앞다투어 화려함을 뽐낼 때 힘없이 흔들리기만 하는 평범한 모습이어서 아무도 관심을 기울이지 않는다. 그러나 가을이 되어 다른 꽃이 모두 떨어질 때 탐스러운 붉은 꽃봉오리를 피워내며 사람의 마음을 훔친다. 하늘은 늘 신중하고 묵묵히 일하는 사람에게 특별한 관심을 기울이는 것처럼 보인다. 앞서 말한 꽃이 그런 것처럼, 다른 사람의 성취를 보고 질투하거나 부러워할 필요는 없다. 오직 한결같은 자세로 일하면서 성장에 필요한 양분을 흡수한다면 언젠가는 기회를 얻어 자신만의 빛을 내뿜고 성공을 거둘 수 있다. 오늘날 직장에서 일을 할 때는 조금 더 신중하게 사고하고 함부로 재주를 뽐내는 일을 삼가야 한다. 이 이치를 깨우치지 못하면 뱃속에 아무리 많은 보물이 있어도 남에게 좋은 일만 해줄 뿐이다.

직장에서 잘나갈 때는 그를 도우려는 사람이 더 많아진다. 그러나 진정으로 필요한 것은 어려움을 겪고 있는 사람에게 도움을 베푸는 '눈 속에 있는 사람에게 땔감을 보내준다(雪中送炭)'의 자세이다. 성공을 거두었을 때 얻는 도움은 그다지 중요하지 않다. 나락으로 떨어졌을 때 받는 도움이야말로 평생 잊지 못할 만큼 고마운 것이다. 직장은 상아탑보다는 각박한 현실이지만, 그래도 서로 돕고 나누려는 마음을 포기할 수는 없다. 오늘 씨앗을 심으면 내일 열매를 거둘 수 있다고 했다. 당신이 다른 사람을 한 번 도와주면 언젠가는 열 배의 보답으로 되돌아올지 모른다. 이것이 바로 인정이다. 인정은 오가는 사이 점점 더 두텁게 쌓이는 법이다.

3부

마음의 독립과
자존을 위해
성공의 가치와 붓다의 지혜

인생은 괴로움과 즐거움으로 가득 차 있고, 우리는 그 길 위에서 순간순간 넘어지고 만다. 그러나 역경을 딛고 계속해서 앞으로 나아가는 방법을 배워야 한다. 실패를 피할 수는 없지만 최소한 거기서 오는 스트레스를 이겨낼 수 있어야 한다. 분노, 괴로움, 억울함, 실망감 등의 부정적 감정을 내려놓을 때, 비로소 새로운 깨달음을 얻고 이완된 몸과 마음으로 진정한 자유를 누릴 수 있다.

마음을 가끔씩 꺼내서 닦아둔다

　　수심修心이란 마음을 수련하고 인성을 수양하는 것을 말한다. 『장자莊子』 전자방田子方 편에서는 이렇게 말했다. "선생의 덕은 하늘과 땅과 견줄 만한데도 지극한 말씀을 빌려 마음을 닦고 있습니다. 옛날의 군자라고 해도 어찌 이보다 더 뛰어날 수 있습니까?" 『위서魏書』 석로지釋老志에는 이런 말이 있다. "그러므로 마음을 닦을 때는 불佛, 법法, 승僧에 의지해야 한다." 또 당나라 사람 최도崔涂는 〈가을밤에 선생과 이별하며 과거를 보러 떠날 때〉라는 시에서 이렇게 읊었다. "기회를 놓치면 기약이 없다. 마음을 닦고자 한다면 스님이 되지 않으면 안 된다." 그런가 하면 가까이에는 중국 근대 문학가 빙신冰心이

『어린 친구들에게(寄小讀者)』에서 이렇게 말했다. "나는 예전부터 마음을 닦고자 했는데, 어찌 이처럼 반년이란 시간을 내어 하늘을 이불 삼고 땅을 자리 삼아 자유롭게 지내는 날이 있겠는가?"

우리는 인생의 매 단계에서 다양한 기회와 마주친다. 그중 어떤 것은 우리에게 성공을 가져다주고, 어떤 것은 실패를 맛보게 한다. 어떤 것은 인생과 사업의 절정에 오르도록 돕고, 어떤 것은 우리를 밑바닥까지 끌어내린다. 어떤 것은 우리를 환하게 빛나게 하고, 어떤 것은 도리어 암울하게 만든다. 그러나 우리가 어떤 단계에 처해 있든, 어떤 상황에 놓여 있든, 마음가짐이 좋다면 언제든 희망을 품고 뒷날을 준비할 수 있다. 성공을 거두었을 때 자만하지 않고 자신의 경험을 쌓아 다음 성공을 위한 기초를 마련할 수 있고, 실패를 할 때도 절망하거나 낙담하지 않고 그 원인을 찾아 다시 일어서기 위한 역량을 쌓을 수 있다.

인생은 괴로움과 즐거움으로 가득 차 있고, 우리는 그 길위에서 순간순간 넘어지고 만다. 그러나 역경을 딛고 계속해서 앞으로 나아가는 방법을 배워야 한다. 실패를 피할 수는 없지만 최소한 거기서 오는 스트레스를 이겨낼 수 있어야 한다. 분노, 괴로움, 억울함, 실망감 등의 부정적 감정을 내려놓을 때, 비로소 새로운 깨달음을 얻고 이완된 몸과 마음으로 진정한 자유를 누릴 수 있다. 삶에서 모든 사람이 넓고 바른 마음으로 타인을 대하고 어려움과 맞설 수 있다면, 물살을 헤엄치는 물고기나 창공을 가르는 매처럼 넓은 마음을 갖출 수 있다. 옛말에 경계란 마음에 달린 것이라고 했다. 당신이 만약 이런 경지에 도달하고 싶다면 마음을 단련해야 한다.

마음을 닦는다는 것은 마음을 편안히 한다는 뜻이다. 심성을 수련하면 마음이 안정되고, 마음이 안정되면 삶이 안정된다. 인간에겐 사지와 일곱 개의 구멍이 있는데, 그중 한시도 가만히 있지 않는 것이 바로 마음이다. 우리는 종종 인생의 번뇌가 머리카락만큼 많다고 말한다. 그러나 사람들이 알지 못하는 것은 우리가 스스로 번뇌를 만든다는 사실이다. 수많은 번뇌는 모두 우리 마음이 어지러워져서 생기며, 마음이 고요하면 자연히 번뇌는 멀어진다. 적지 않은 사람들이 마음을 닦기 위해 종교에서 길을 찾는다. 그런가 하면 어떤 사람은 과학기술을 이용하고, 또 어떤 사람은 심지어 의약품을 사용해 해결하려 든다.

'마음을 닦는다'라는 말은 언뜻 매우 신비로운 느낌이 든다. 그러나 마음을 닦는 것은 매우 간단한 일이다. 굳이 바깥에서 도움을 찾을 필요도 없다. 스스로의 힘으로도 충분히 마음을 닦을 수 있다. 본질적으로 보면 마음을 닦는 것은 마음자세를 바꾸고, 슬픔을 해소하며, 우울함을 누그러뜨리고, 기분을 활달하게 하는 것이다. 살면서 우리는 종종 득得과 실失에 연연해 정신을 빼앗긴다. 득과 실은 근본적으로 우리의 기쁨과 슬픔을 결정한다. 마음을 닦는 것은 어떻게 하면 이 둘 사이에서 평온한 상태를 유지할 수 있는지 고민하고, 바로 그 지점을 찾아내는 것이다.

아름다운 삶을 추구하는 것은 인간 공통의 바람이다. 그러나 우리는 유토피아에서 살고 있는 것이 아니다. 누구나 살다 보면 얼마간 잃을 수 있고 또 얼마간 얻을 수 있다. 사실 어떤 의미에서는 작게 잃어야 크게 얻고, 부분을 잃어야 전체를 얻기도 한다. 인생도 마찬가지다.

인생에 절대적인 것은 하나도 없다. 대부분 어떤 것을 잃음과 동시에 더 많은 것을 얻기도 한다. 베토벤은 청각을 잃었지만 오히려 더욱 음악에 전념했고, 존 밀턴John Milton은 두 눈이 멀었기 때문에 문학에 심취할 수 있었다. 니콜로 파가니니Niccolo Paganini는 말을 할 수 없었기 때문에 바이올린으로 세계에서 가장 아름다운 언어를 만들어냈다. 세계 문화사에서 걸출했던 이들 세 사람은 귀머거리였고 장님이었으며 벙어리였다. 그들은 이전 사람들이나, 심지어 그들보다 더 많이 가진 후세 사람들보다 더욱 뛰어난 업적을 이루었다. 그들에게는 평상심平常心이 있었다. 이미 잃어버린 것을 따지지 않고 자기 자신과 지금 이 순간에만 집중했다.

인간이 이룬 가장 뛰어난 업적은 종종 역경에 처했을 때 만들어진다. 정신적 스트레스 또는 육체적 괴로움 같은 요인이 영혼에 자극제가 되어 새로운 성공을 만들어낸다. 사실 실패는 두려운 것이 아니다. 정말로 두려운 것은 현실을 똑바로 바라보지 못하는 자세이다. 중국 CCTV의 유명 아나운서 바이옌송白岩松은 베이징 대학교 강연에서 사회 초년생으로 발을 내디디려는 학생들에게 운명이 너무 가혹하다고 불평하지 말라고 당부했다. "운명이란 지금껏 언제나 공평했다. 하늘이 한쪽 문을 닫아놓을 때는 반드시 창문 하나는 열어놓는 법이다. 여기서 잃는 게 있으면 저기서 얻는 것이 있다. 우리가 어떤 일에 아쉬움을 느낄 때 전혀 예상치 못했던 또 다른 것이 우리를 기다리고 있다."

모두들 새옹지마塞翁之馬라는 고사를 알고 있을 것이다. 오래 전 변경에 살던 노인의 말이 아무런 이유 없이 국경을 넘어 오랑캐 땅으로 넘어갔다. 사람들은 앞다투어 달려와 노인의 불행을 위로했다. 그런데 노인은 이렇게 말했다. "그게 반드시 나쁜 일이라고 할 수는 없지." 몇 달이 지나고 나서, 달아났던 말이 오랑캐의 준마를 데리고 돌아왔다. 사람들이 다시 몰려와

축하했다. 그러나 노인은 "이게 오히려 나쁜 일일 수도 있지" 하고 말하며 기쁜 내색을 하지 않았다.

노인의 아들은 말 타는 것을 좋아했다. 어느 날 아들이 오랑캐의 준마를 타고 달리다가 넘어져서 다리가 부러지고 말았다. 사람들이 다시 몰려와서 그의 불행을 위로했다. 이번에도 노인은 이렇게 말했다. "그게 꼭 나쁜 일이라고 할 수는 없지." 한 해가 지나 오랑캐가 변경을 대거 침공했다. 마을의 젊은 남자들은 모두 활과 화살을 들고 나가 싸웠고 전장에 나간 사람들 대부분이 잔혹하게 죽었다. 그러나 노인의 아들은 다리를 저는 탓에 전쟁에 나갈 수 없었고 그래서 무사할 수 있었다.

이 고사는 비록 일시적으로 손해를 입었다고 해서 그것이 꼭 나쁜 일이 아니라는 점을 이야기하고 있다. 나쁜 일은 어떤 조건 아래서는 좋은 일이 될 수 있다. 그러므로 언제나 낙관적으로 생각해야 한다. 어떤 일에든 양면성이 있으며, 또 나쁜 측면일지라도 좋은 방향으로 변할 가능성이 있다.

득과 실은 사실 종이 한 장 차이다. 우리의 마음은 득과 실의 영향을 받지만, 괴로움과 즐거움도 마찬가지로 종이 한 장 차이에 불과하다. 마음을 닦는다는 것은 이 두 가지 정서 사이에서 균형을 찾는 것이다.

득과 실은 사라지지 않는 영원한 법칙이다. 봄, 여름, 가을,

겨울은 끊임없이 순환하고 반복하며, 그러면서 다채로운 만물과 생명을 잉태하고 길러낸다. 봄의 화려함과 다채로움이 물러가야 여름의 열정을 맞이할 수 있으며, 가을의 풍성함과 이별해야 겨울의 고요를 누리고 내년의 풍성한 수확을 위해 힘을 비축할 수 있다.

인생이란 것도 이와 같다. 득과 실은 우리가 영원히 맞닥뜨려야 하는 모순이다. 하늘의 해와 달이 서로의 그림자처럼 따르며 각자의 자리를 대신하듯, 그 두 가지는 언제나 우리와 함께한다. 득과 실이란 지극히 작은 차이에 불과하다. 우리 마음은 늘 그 사이를 맴돈다. 그러므로 어떤 일의 득실을 대할 때마다 지나친 부담감을 내려놓고 마음의 자유를 누리도록 힘써야 할 것이다.

동지는 만나는 것이 아니라
알아본다

부처는 "인연이 오는 것은 하늘이 정한 것이며, 인연이 다하는 것은 사람이 만드는 것이다"라고 말했다. 씨앗을 뿌리는 것이 '인因'이라면, 거두어들이는 것은 '과果'이다. 모든 것은 마음먹기에 달렸다. 그러므로 웃으면서 세상을 마주하되 원망하는 마음을 품어서는 안 된다. 침착하고 여유 있게 본래 마음을 따르고, 본래 성정을 지키고, 본래 인연을 소중히 하라.

사람의 일생은 순조로울 수 없다. 반드시 갖가지 고난과 맞닥뜨리고 길을 걷다가 깊은 골짜기를 만난다. 쓰디쓴 실패를 경험하고 어쩔 도리 없이 우울한 시간을 보내야 할 때도 있다.

불가에서는 세상살이를 가시덤불을 걷는 것과 같이 바라본다. 마음이 움직이지 않으면 몸도 따라 움직이지 않고 결국 상처를 입지도 않는다. 반면에 마음이 움직이고 그에 따라 몸이 움직이면 결국 갖은 고통을 받게 된다.

세상일이 모두 원만하게 이루어질 거라는 천진난만 한 꿈을 꾸어서는 안 된다. 인생이 영원히 봄날과 같을 거라고 착각해서는 안 된다. 만약 춥고 어두운 날 없이 따뜻하고 맑은 날만 계속된다면 태양이 값지다는 사실을 깨닫지 못할 것이다. 슬픔이 없고 오직 행복만 존재한다면 어떤 것이 진정한 행복인지조차 알 수 없다. 우리가 살면서 느끼는 모든 것은 상대적이고, 그렇기 때문에 존재 가치가 있다. 사실 행복이란 어지럽게 헝클어진 실타래와 같아서 슬픔과 기쁨이 함께 얽히고설켜 있다. 기쁨은 슬픔이 있기 때문에 고귀하다. 인생이라는 큰 무대에서 성공과 실패, 행운과 불행, 기쁨과 슬픔, 만족과 결핍은 언제나 함께한다. 지혜롭고 긍정적인 사람은 그렇게 점점 삶의 참 의미를 깨달아가면서, 마음을 열고 인연을 따르며, 무언가를 억지로 바라지 않는 법을 배운다.

매사에 부정적인 사람은 봄이 눈앞에 있어도 여름의 뜨거움, 가을의 풍요, 겨울의 시원함이 없다고 불평한다. 그러나 열린 마음을 가진 사람은 단 하루의 봄날도 충분히 즐길 줄 안다. 그에게는 대지보다 단단하고 하늘보다 넓게 펼쳐진 마음이 있기 때문이다.

이른바 열린 마음이란 더 잘살기 위한 노력을 기울이지 않는다는 뜻이 아니다. 물결치는 대로 이끌리면서 어떤 일이 흘러가는 대로 간섭하지 않고 놔둔다는 뜻도 아니다. 열린 마음은 사실 일종의 인생 태도이며, 한 걸음 나아가 삶을 사는 데 꼭 필요한 사고방식이다. 열린 마음은 어떤 일을 받아들이는 본능이며, 그중에서 가장 근본이 되는 것이다. 열린 마음을 가진 사람은 자신이 바라는 것과 어긋나는 사람, 자신이 바라는 것과 어긋나는 일, 자신이 바라는 것과 어긋나는 사물이 지나친 파장을 일으켜 부정적 영향을 주도록 놔두지 않는다. 열린 마음은 긍정을 이끌어내는 위대한 심리적 에너지를 준다.

현대사회의 리듬이 빨라질수록 우리는 끊임없이 앞만 보고 나아가야 한다. 심지어 휴식을 취해야 한다는 생각조차 하지 못하고 만다. 이때 우리에게 가장 필요한 것이 바로 이런 에너지다. 모든 것을 빈틈없이 따지고 사력을 다해 앞으로만 나아가려는 사람은 호감을 얻기 어렵지만, 열린 마음을 가진 사람은 어디서든 환영받는다. 독립된 사상과 낙관적인 태도를 갖춘 사람은 남에게 긍정적 에너지를 주고, 그들 자신도 열린 마음을 가졌으면 하고 바라게 만든다. 우리는 늘 일이 뜻대로 되지 않는다고 말하면서 인간사가 복잡하다고 불평한다. 사실 대부분의 상황은 우리 스스로 긁어 부스럼을 만든 데 지나지 않는다. 자신감 있는 태도로 마음을 열면 아름다운 인생을 만끽하고 어지러운 세상에 휘말려들지 않을 수 있다.

열린 마음을 가지려면 자신감이라는 기초 위에 겸손을 더해야 한다. 하늘은 스스로 높다고 말하지 않고, 바다는 스스로 깊다고 말하지 않으며, 땅은 스스로 두껍다고 말하지 않는다. 큰 지혜를 가진 사람은 자기 재능을 함부로 드러내지 않는다고 했다. 열린 마음을 가진 사람은 언제나 열정적이고 거리낌이 없으며 소탈하고 명랑하며 대범하다. 그가 살면서 느끼는 즐거움이야말로 인생의 진정한 즐거움이다. 열린 마음은 세속을 초월한 위엄 있는 태도이며, 긍정적인 인생 태도이자, 더할 수 없이 높은 사상적 경지이다.

사사건건 따지기만 하는 사람은 고생을 사서 한다. 정신적으로 스스로에게 무거운 자물쇠를 채우고 온종일 피로에 지쳐 심력을 소비한다. 이것은 정신과 신체 모두에 커다란 부담을 준다. 이런 사람은 대부분 소극적이며, 문제를 복잡하게 생각하는 습관이 있다. 늘 암담한 눈빛으로 어떤 일을 대하며 감정적으로도 나약하다. 저항력이 높지 않아 일단 좌절을 겪으면 쉽게 굴복하는 쪽을 택한다. 그들의 마음속에서 삶이란 괴로움과 같다. 행복은 저 멀리 있어 느끼기 어렵고, 삶의 방향은 찾을 수도 없다. 그들은 인생의 갈림길에서 방황하며 어디로 나아가야 할지 알지 못한다.

열린 마음을 가진 사람은 이와는 다르다. 그들은 고아한 아름다움을 지니고 있으며, 유혹이 눈앞에 있어도 침착함을 유지하며, 타인의 실수에 너그럽고 싸움을 두려워하지 않는다. 또한 하늘처럼 맑고 고요하며, 땅처럼 침착하고 성숙하게 살아간다.

열린 마음을 가지려면 먼저 자신을 충실히 다지는 법을 익혀야 한다. 열린 마음은 안으로 내재된 수양이 겉으로 드러나는 것이다. 우리는 늘 무언가를 경험하지만 세상 모든 것을 직접 이해하고 경험할 수는 없는 노릇이다. 그러므로 새로운 지식을 배우는 데 힘쓰고, 그 지식으로 자신을 다독여서 강화하고 영혼을 건강하게 지켜야 한다.

직장 생활을 오래 하다 보면 사고방식이 고정되고 한 가지 일을 지나치게 복잡하게만 생각하게 된다. 일의 원인과 결과를 여러 번 따지고 득실을 비교하기도 한다. 이런 방식이 크게 잘못되었다고 말할 수는 없지만 우리 삶에는 일만 있는 것이 아니다. 일이란 우리가 생존하기 위한 수단이지 우리가 추구하는 전부는 아니다. 이때 사고방식을 바꾸면 몸과 마음에 여러모로 도움이 된다. 좀 더 유리한 자리에서 생각하고 높은 곳에서 멀리 바라볼 때 인생의 아름다움을 더욱 생생하게 느낄 수 있다. 이것은 사사건건 따지면서 완벽을 추구하는 사람은 도저히 이해할 수 없는 경지일 것이다.

열린 마음을 가지려면 참고 견디는 법을 익혀야 한다. 성공을 갈구하는 과정에서 고민하고, 부딪쳐 싸우는 과정에서 얻는 상처를 견뎌야 한다. 어떤 사람은 잠깐의 아픔을 두려워하고 또 어떤 사람은 무언가를 기다리는 적막함에서 한시라도 빨리 벗어나고 싶어 한다. 그러나 옛말에 "한때를 참으면 풍랑이 가라앉고 한 걸음 물러나면 넓은 하늘과 바다가 펼쳐진다"라고 했다. 뒷날 돌이켜보면 그때 참고 견뎠던 것이 자신을 한 단계 더 성장시켰다는 사실을 발견할 수 있을 것이다. 인생의 좌절과 시련을 마주할 때마다 우리는 묵묵히 참고 견디며 끈기 있게 싸워야 한다. 겹겹의 어둠을 뚫고 나가면 반드시 찬란한 아름다움이 우리를 맞이한다는 사실을 믿어야 한다. 첩첩이 쌓인 어려움을 헤치고 나가면 반드시 희망으로 바뀌는 기회가 나타난다는 사실을 믿어야 한다.

중국의 시인 꾸청顾城은 "어둠은 내게 어두운 눈을 주었지만 나는 그것으로 광명을 찾아냈다"라고 노래했다. 비록 삶이 우리 뜻대로 이루어지지 않는다는 사실을 부정할 수는 없지만, 그렇다고 해서 지난한 고난 속에 또 다른 행복이 숨어 있다는 사실을 부정할 수도 없을 것이다. 버스를 탔는데 잔돈이 없어 난처할 때 어떤 사람이 선심을 베풀어 동전을 건네준다면, 해결하기 힘든 문제를 붙들고 고민하고 있을 때 동료나 친구가 도움의 손길을 내밀어준다면, 너무나 외롭다고 느낄 때 친구나 가족이 우리를 위로해준다면, 그것이 바로 행복이다. 행복은 크기도 하고 작기도 하지만, 어쨌든 어디에나 있다. 우리는 눈앞에 닥친 어려움 때문에 자주 괴로워하지만 도리어 우리 가까이에 있는 행복은 보지 못한다. 열린 마음을 가진 사람은 주위 사람들에게 너무 많은 기대를 하지 않는다. 다른 사람이 능력이 없고 자기가 잘나서가 아니다. 그가 추구하는 바가 오직 타인과 평화롭게 공존하는 것이기 때문이다.

마지막으로, 자기 자신을 알고 자신의 장단점을 이해해야 한다. 자신을 이해할 때 우리는 자연스럽게 장점을 살리고 단점을 보완할 수 있다. 자신의 단점을 다른 사람의 장점과 비교하거나 원래 성공할 수 없던 일을 가지고 더 이상 근심하지 않게 된다. 성공은 우리 자신의 몫이며, 마찬가지로 실패도 우리 자신의 몫이다. 두 가지는 언제나 함께 얽혀 있어서 어느 하나만 고르거나 피할 수 없다. 실패가 가져다주는 부정적 감정을 해소하는 가장 좋은 방법은 자신에게 "그래도 괜찮아"

하고 말하는 것이다.

조금 덜 고민하고 조금 더 많이 웃어라. 조금 덜 의기소침하고 조금 더 열정적이 되어라. 인생은 원래 우리가 뜻한 바대로 흘러가지 않지만, 그래도 우리는 그 안에서 행복과 즐거움을 누릴 권리가 있다. 인생에서 가장 큰 성공은 마음의 자유이며, 즐겁게 사는 태도 자체다. 사사건건 따지는 것은 어리석은 자가 스스로 긁어 부스럼을 만드는 것에 불과하다. 열린 마음을 갖추는 것이 진정한 직장인의 자세다.

받아들이는 힘 따로,
견디는 힘 따로

〈풍교에서 밤에 배를 대다(楓橋夜泊)〉는 당대의 대시인 장계張繼가 지은 유명한 시다.

달 지고 까마귀 울고 하늘엔 서리 가득한데(月落烏啼霜滿天)

강가 단풍나무, 고깃배 등불 마주하고 시름 속에 졸고 있네

(江楓漁火對愁眠)

고소성 밖 한산사에서(姑蘇城外寒山寺)

한밤중 종소리가 객선까지 들려온다(夜半鐘聲到客船)

이 시는 쑤저우 한산사의 이름을 천하에 드날렸는데, 세월

이 가도 그 유명세가 좀처럼 사그라지지 않는다. 그러나 한산 사가 인문학적으로 가장 가치 있는 것은 고승 한산寒山과 습득拾得이 출가수행을 했을 때의 고사 덕분이다.

한산이 습득에게 물었다. "세상이 나를 헐뜯고 깔보고 모욕하고 비웃고 경멸하고 천대하고 미워하고 속이는데 과연 어떻게 해야 하는가?"

습득이 대답했다. "오직 참고 양보하고 따르고 피하고 견디고 공경하고 모른 체하고 몇 해를 기다렸다가 다시 대하는 방법밖에 없다네."

두 고승의 짧은 문답은 인생의 진리를 담고 있다. 세상 사람들이 헐뜯으면 참고, 깔보면 양보하고, 모욕하면 따르고, 비웃으면 피하고, 경멸하면 견디고, 천대하면 공경하고, 미워하고 속이면 모른 체하라. 다시 몇 년이 지나면 원래 그런 태도로 나를 대했던 사람도 다시는 그렇게 하지 않을 것이다. 태도가 감화하기 때문이다.

동양에서는 예로부터 원수에게 은덕을 베풀라고 말해왔다. 불가에서건 도가에서건, 심지어 유가에서도 어떤 이가 자기를 경멸하고 모욕한다면 끊임없이 인내하며 상대방을 포용하라고 말했다. 바다는 수많은 강을 말없이 받아들인다. 마찬가지로 진정 지혜로운 사람은 자신을 경멸하는 태도를 기꺼이 참아낼 수 있다. 다른 사람이 보기에는 나약한 태도 같지만, 사실 자신만 그렇지 않으면 아무런 문제가 없다. 군자의 경지와 재상의 도량이란 바로 이것을 말하는 것이다.

지혜로운 사람이란 능히 몸을 굽힐 수 있고 타인을 잘 견딜 수 있는 자이다. 어떤 일 때문에 분노가 치밀 때는 포용하는 법을 배워야 한다. 오늘날 우리 사회는 점점 더 빠르게 돌아가고, 사람들이 받는 스트레스는 갈수록 커진다. 당연히 우리는 많든 적든 충동적으로 된다. 때로는 작디작은 충동을 이기지 못해 크게 화를 내기도 한다. 그럴 때는 감정이 우리 마음을 계속 지배하게 놔두어서는 안 된다. 참고 용서하는 법을 익혀서 문제를 똑바로 마주하고 충돌을 해소해야 한다. 그럼으로써 더욱 많은 사람의 지지와 존경을 받을 수 있다.

직장에서는 일대일로 싸우는 것이 아니다. 사람은 사회적 동물이고 혼자서는 생존할 수 없다. 업무 인수인계나 토론을 할 때도 동료나 상사와 협력하고 소통하지 않으면 안 된다. 이 과정에서 필요한 것이 바로 참고 견디며 포용하는 마음이다. 다른 사람이 실수를 저지르거나 잘못을 했을 때는 감싸 안는 마음이 필요하다. 일부러 실수하는 사람은 없다. 누군가 도움을 필요로 할 때는 기꺼이 손을 내밀어주어야 한다. 고립무원孤立無援

을 자처하는 사람은 없다. 업무 환경은 업무 효율성을 좌우한다. 협력적 업무 분위기는 다 함께 노력해서 만드는 것이다. 만약 동료와 조화로운 관계를 맺고 싶다면 용인하고 포용하는 태도를 갖추어야 한다.

당신이 어떤 회사를 선택하는 것은 자신의 업무 환경을 선택하고, 자신의 동료와 사장을 선택하는 일이다. 모든 사람은 자신만의 특징이 있고, 일을 하는 독특한 방식이 있다. 그러므로 어떤 조직에 들어가고자 한다면 그들이 그들 자신을 바꾸고 자신을 따르기를 바라서는 안 된다. 우리가 배워야 할 것은 이해하고 포용하는 마음으로 조직 속에 녹아드는 방법이다.

어떤 사람은 어려움을 겪으면 언제나 불평을 늘어놓는다. 그들은 현실을 정면으로 바라보려 하지 않고 친구의 나쁜 점을 원망하고 동료가 옳지 않다고 질책한다. 어떤 조직도 그런 사람을 받아들이지 않는다. 그들이 조직에서 환영을 받기란 실로 어려운 일이다.

이따금 업무 분배 문제로 동료와 상사 사이에 갈등이 생길 수는 있다. 그런데 이때 지나치게 따지며 똑같은 대우를 받고 있는지에 신경을 곤두세워서는 안 된다. 또한 일에 쏟는 에너지를 비교하려고 들어서도 안 된다. 그것은 근본적으로 수치로 계량할 수 없는 문제이며, 상세하고 구체적인 기준을 정해

따질 수도 없는 문제이다. 기왕 상대방과 함께 일하기로 선택했다면 나와 남의 경계를 지나치게 구분하고, 완벽하게 평등한 조건을 따져서는 안 된다. 그럴수록 상대방과 거리감이 생기고 결국에는 협력 관계가 깨질 수밖에 없다.

나와 다른 사람의 업무 공헌도를 지나치게 따져서 남보다 조금이라도 더 많은 일을 끌어안을 때마다 불평한다면, 아무리 관계가 좋은 사이라 할지라도 시간이 흐를수록 신임을 잃게 된다. 누구나 일을 하다 보면 불공정한 대우를 받는다는 느낌이 들기 마련이다. 그러나 이 때문에 실의에 빠지거나 지나치게 이 문제를 의식해선 안 된다. 달리 생각해보면, 불공정한 대우를 받는 것은 자신을 수양할 수 있는 좋은 기회일 수 있다. 억울한 심정을 느껴보는 것도 일종의 자산이다. 많은 사람들이 동료와 사이좋게 지내지 못하는 것은 그들이 감사할 줄 모르고 조화로운 업무 환경이 얼마나 소중한 것인지 알지 못하기 때문이다. 사람은 감정적 동물이다. 오랜 시간 함께 지내다 보면 좋든 싫든 감정이 생기고, 서로의 관계는 더욱 공고해진다. 그런 감정은 일을 할 때 큰 도움이 될 뿐 아니라 앞으로 당신이 발전하는 데도 추진력으로 작용한다.

그런가 하면 때로 당신은 작은 성과에 득의양양해하며 우쭐거릴지도 모른다. 그러나 다시 한 번 생각해보라. 당신은 단지 앞사람이 먼저 낸 길에 마지막 한 걸음을 보탰을 뿐이다.

오늘의 성공에는 아마도 적지 않은 사람이 쏟아부은 노력이 있었을 것이다. 그러므로 지금의 성공에 밑거름이 된 앞사람의 노력에 감사할 필요가 있다. 매슬로의 이론에 따르면, 사람은 감정적 필요 때문에 남과 함께한다. 사람과 사람의 관계에는 상호 의존과 협력이 포함된다. 그 관계를 조화롭게 만드는 것이 바로 감사하고 보답하는 마음이다. 일을 할 때도 마찬가지로 상호 협력이 필요하다. 함께 뭉칠수록 최대의 에너지를 발휘할 수 있고, 그러면 어려움을 극복하는 데 도움이 된다. 그렇게 하나하나 기적을 만들고, 마침내 성공을 향해 걸어가는 것이다. 이 모든 것을 이루기 위해서는 자신과 타인 사이에 이해하고 포용하는 정신이 있어야 한다.

인생이라는 길은 험난하기 그지없다. 그 길에서 우리는 좌절과 고난을 경험한다. 그러나 결과는 저마다 다르다. 어떤 사람은 거기에서 행복과 즐거움을 얻고 또 어떤 사람은 괴로움과 실망감만 얻는다. 이 세상에 정말로 운이 좋은 사람이 있다는 사실을 부정할 수는 없다. 그러나 그런 사람은 극히 드물다. 일반적으로 모든 것을 운에만 맡겨둘 수는 없다. 고난을 거치지 않은 성공은 위험하다. 길고 긴 인생길에서 어느 누가 고난을 만나 좌절하지 않는다고 자신할 수 있겠는가.

고난과 좌절은 피할 수 없는 문제다. 우리는 모두 그 사실을 잘 알고 있다. 우리는 고난을 똑바로 마주해야 한다. 원하든 원하지 않든 그런 일은 발생할 수밖에 없다. 고난을 올곧게 받아들이기 위해서는 충분한 용기를 단련해야 한다. 매번 고난과 좌절이 다가올 때마다 그것을 자신을 시험하는 기회로 삼아야 한다. 그 시험을 통과해야 자신에게 부족한 점이 무엇인지 깨닫고, 부족한 점을 개선하려고 노력하는 과정에서 더욱 성장할 수 있다. 무언가에 걸려 넘어지고 아프더라도 두려워하거나 괴로워하지 말라. 그저 용감히 그것과 맞서고 용기 있게 받아들여라. 다시 한 번 일어서도록 스스로를 격려하고 계속해서 앞으로 나아간다면 반드시 성공이 기다리고 있을 것이다.

넘어지는 것을 결코 두려워할 필요가 없다. 우리가 진정 두려워해야 할 것은 다시 일어서지 못하는 것이다. 더 강해지려고 노력하는 정신을 갖추어야 한다. 실패는 성공의 어머니라고 이야기한다. 그렇다. 성공으로 향하는 길에서 좌절을 만나고 실패하는 것은 지극히 정상적인 과정이다. 아픔을 참고 견디는 법을 배우고 많은 경험을 쌓아 그 안에서 자신에게 도움이 되는 것을 흡수하며, 긍정적인 마음가짐으로 고난을 마주하고 그것을 극복해야 한다. 이것이야말로 성공을 갈망하고 이를 위해 노력하는 사람들에게 주어진 과제이다.

나에게 열린 세상은
무한하다

개미는 평생 작은 정원에서 벗어나지 않고, 메뚜기는 고작 몇 미터 되지 않는 화단을 벗어나지 않는다. 나비가 아무리 훨훨 날아도 망망대해를 건널 수 없고, 눈꽃이 제아무리 아름답다고 해도 온 겨울을 버틸 수는 없다. 한 사람의 눈으로 과연 무엇을 볼 수 있을까? 아마 내가 간단히 답할 수 있는 문제는 아닐 것이다. 그러나 각자의 눈높이가 다르다는 것만큼은 확실히 말할 수 있다. 서로 다른 눈높이는 서로 다른 운명을 결정하고, 그 사람이 나아갈 방향을 좌우한다. 이 세상의 사람은 셀 수 없이 많다. 그러나 그중 어떤 사람은 성공해서 이름을 날리고, 어떤 사람은 부질없이 바쁘기만 하다. 그렇게 된 원인을 한마디로 말할 수는 없지만, 어쨌든 눈높이가 일정한 영향을 준다는 사실만은 분명하다.

정성공鄭成功이 대만을 수복했을 때 그의 눈높이는 보통 사람들보다 확연히 높았다. 그런 까닭에 외국 침략자들을 물리칠 수 있었다. 그러나 정성공의 시야에도 한계가 있었다. 청나라 내부 정세를 제대로 살피지 못했고, 그래서 뒷날에야 민족의 영웅으로 불렸을 뿐이다. 한신韓信은 유방劉邦을 도와 천하를 평정하고 혁혁한 전공을 세웠다. 한신의 시야가 남달라 미치지 않는 곳이 없었기 때문이다. 그러나 그의 눈높이도 장수와 군왕의 관계에만 머물렀고, 결국 토사구팽을 당해 비참한 최후를 맞이했다.

한 사람의 눈높이는 그의 운명을 결정한다. 사상의 변화는 사물 본래의 변화를 이끌어낼 수 없다. 우리가 바꿀 수 있는 것은 우리의 인식뿐이다. 그러나 사상의 변화는 사람을 변화시킬 수 있다. 또한 사람은 세상을 변화시킬 능력을 가지고 있다.

눈높이도 이와 마찬가지다. 눈높이의 높낮음은 사물 본래의 형태를 결정지을 수 없지만 눈높이가 높은 사람이 보는 산은 산이 아니고 물은 물이 아니다. 그는 사물의 표면에서 본질로 깊이 들어가고, 넓거나 좁은 측면에서 사물의 발전 방향을 분석하고 길흉을 점칠 수 있다. 눈높이가 낮은 사람이 보는 산은 여전히 산이고 물은 여전히 물일 뿐이다. 그는 습관적으로 사물의 표면에서 단순하게 출발해 문제를 지나치게 구체적으로 고민한다. 그러면 사물의 전체 모습을 파악하기 어렵다.

눈높이의 높낮이는 일의 성공 여부를 결정하기도 한다. 넓은 의미에서 보았을 때, 눈높이가 높으면 전략적 측면에서 시작해 경제와 정치의 큰 흐름을 읽은 다음 어떤 일을 할지 판단하고 선택할 수 있다. 어떤 것을 해야 하고 어떤 것을 할 수 없는지도 알 수 있다. 좁은 의미에서 보면, 냉정하게 문제를 사고하는 데 도움을 줄 수 있고 많은 대상을 비교해 가장 좋고 가장 도움이 되는 것을 선택할 수 있으며, 이를 통해 성공에 한 걸음 더 다가갈 수 있다.

마윈馬云은 1964년 9월 10일 항저우에서 태어났다. 부모는 반은 문맹이나 다름없었다. 마윈은 어렸을 때부터 영어를 잘했고, 열세 살 때부터는 자전거를 타고 외국인을 데리고 다니며 거리를 활보했다. 반면 수학은 잘 못했는데, 1점을 받아 항저우 전체를 놀라게 할 정도였다. 마윈은 어려서 무술을 배웠고 싸움을 좋아했다. 심지어 열세 바늘을 꿰맨 '놀라운 기록'

도 가지고 있다. 그래서 어쩔 수 없이 전학을 가기도 했다. 이 토록 평범하고, 심지어 보잘것없던 사람이 중국 최대 전자상거 래 플랫폼 알리바바_{alibaba}를 세운 것이다. 같은 그룹의 인터넷 상거래 사이트 타오바오_{taobao}는 우리 삶과 더욱 밀접하게 연결 되어 있다. 요즘 중국의 젊은이 중 한 번이라도 타오바오에서 물건을 사지 않은 사람이 없을 정도이다.

1988년 대학을 졸업한 마윈은 항저우 전자공업학교에서 영 어 교사로 일했다. 작은 학교가 마윈을 거두기에는 부족함이 있었다. 마윈은 미친 사람처럼 몽상에 사로잡혔고 어느 날 무 언가를 하기로 마음먹었다. 1991년 마윈과 동기 몇 사람은 뜻 을 모아 번역 회사를 차렸다. 그런데 월 수입이 700위안에 불 과했다. 당시 회사의 사무실 임대료만 2,000위안이었다. 적자 가 발생하자 다른 사람들은 움츠러들었다. 그러나 마윈은 번 역 회사를 유지하기 위해 휴일에 혼자 커다란 마대를 짊어지 고 당시 경공업의 중심지였던 이우에 가서 물건을 떼서 판매 했다. 덕분에 번역 회사는 마침내 난관을 넘어 흑자로 돌아섰 고, 게다가 매일 수익이 올라 항저우 최대 번역 회사가 되었다. 이 일을 계기로 마윈은 자기 시야가 너무 좁아 작은 울타리 안에 갇혀 있다는 사실을 깨달았다. 학교를 그만두고 나서야 세계가 이렇게나 넓다는 것을 알게 된 것이다.

번역 회사의 성공에서도 깨달은 바가 있었다. 항저우도 역시 좁은 세계라는 사실이었다. 마윈의 눈은 중국 전체, 심지어 전세계를 바라보기 시작했다. 1995년 4월 마윈은 학교에 사직서를 내고 번역 회사에도 더 이상 힘을 쏟지 않았다. 그 대신차이나옐로페이지라는 인터넷 회사를 창립했다. 기업 홈페이지를 만드는 것이 주 업무였다. 홈페이지 자수 2,000자, 영문과 중문 번역으로 2만 위안을 받았다. 1996년 말이 되었을 때회사 영업 이익은 자그마치 700만 위안이 넘었다. 1999년 10월 30일 마윈은 마침내 소프트뱅크 손정의 회장을 만나게 된다. 손정의는 알리바바에 2,000만 달러를 투자하기로 결정했다. 뒷날 어떤 사람이 손정의에게 왜 그렇게 큰돈을 투자하기로 결정했는지 묻자 그는 이렇게 답했다. "마윈의 눈높이가 나를 놀라게 했습니다. 그는 현재를 보는 데 머물지 않고 현재를통해 미래를 꿰뚫었고, 먼저 중국 전체 소기업을 묶어야 한다고 말했습니다. 나는 마윈에 대한 투자가 좋은 결과로 돌아올것이라 믿었습니다."

이렇게 해서 알리바바는 국제벤처캐피탈을 획득했고, 마윈은 '동양의 지혜로 서양에서 움직이는 전 지구적 시장'이라는 이념 아래 신속하게 국제적 인재를 끌어모으고 전력을 다해 국제 시장을 개척했다. 동시에 중국 국내 전자 상거래 시장을 육성하고 중소기업을 위한 양질의 플랫폼을 구축했다. 알리바바 사이트라는 플랫폼은 무수한 소기업을 연합해 거대한 항공모함으로 탈바꿈시켰고, 이를 통해 급격한 시장의 변화에 대응하는 힘을 실어주었다. 마윈은 고객에게 우수한 서비스를 제공하고, 소기업에 돈을 벌 수 있는 기회를 주었으며, 그들을 부富의 대열로 끌어들인 것이다.

눈높이의 높낮이는 사업의 높낮이를 결정한다. 마윈은 눈높이를 지속적으로 끌어올렸고 학교를 스스로 벗어나 인터넷 세상으로 들어갔다. 이로 인해 아시아 최고 갑부인 손정의의 신뢰를 얻고 첫 번째 국제벤처캐피탈을 획득했으며, 이로 인해 중국 전자 상거래의 거두가 되어 이름을 날렸다.

한 사람의 눈높이는 성취의 높낮이를 결정하고 지도자의 눈높이는 그 조직의 성패를 가름한다. 어쩌면 이렇게 말할 수도 있을 것이다. "노력한다면 반드시 해낼 수 있어. 눈높이 같은 건 고려할 가치도 없어." 한 사람, 아니 한 조직의 역량은 확실히 많은 점에서 성과에 영향을 준다. 그러나 눈높이도 마찬가지로 우리를 성공으로 이끌 수 있다. 눈높이가 높으면 접촉 영역도 그에 따라 넓어진다. 정확한 인식을 통해 객관적으로 사물을 바라보고 냉정하게 분석할 수도 있다. 정확한 인식은 당신이 세계를 파악하고 개인과 조직의 가치관을 만드는 데 엄청나게 큰 작용을 한다.

세상은 넓다. 우리 인생에는 끝이 있지만 세상의 앎에는 끝이 없다. 우리는 유한한 생명으로 무한한 지식을 추구한다. 어쩌면 불가능할지도 모르고, 사실 이 세상의 모든 진리를 이해한다는 것도 매우 어려운 일이다. 그러나 절대로 그 사실에 위축되어 스스로 물러날 수는 없는 노릇이다. 나이가 들었다고 해서 더 이상 배울 수 없는 것은 아니다. 우리는 지식과 눈높이를 끌어올리기 위해 부단히 노력해야 하며, 현실에 안주하고 한자리에 멈춰서는 안 된다. 청개구리가 우물에서 나오는 순간 어땠을지 생각해보라. 노력을 통해 세상이 넓다는 것을 알게 되는 것, 그것이 바로 우리가 평생 동안 추구해야 할 과제이다.

자연과
가까이

불가에는 이런 말이 전해져 내려온다. "청청취죽무비반야, 울울황화개시묘체$_{青青翠竹無非般若, 鬱鬱黃花皆是妙諦}$." 푸르고 푸른 대나무 마디마디는 어떤 식물의 잎이 아니라 모두 부처님의 법신이고, 노란 국화꽃은 모두 반야이자 대지혜라는 뜻이다. 이 짧은 불교의 가르침에 놀라운 진리가 숨어 있다.

인류는 새가 자유롭게 비상하는 것을 부러워했고 그 원리를 본떠 비행기를 만들었으며, 물고기가 물속에서 자유롭게 노니는 것을 부러워했고 그 원리를 연구해 잠수함을 발명했다. 갑충류가 가진 아름다운 투구를 부러워했고, 그 형태를 이용해 장갑차를 발명하기도 했다. 인류는 자연에 무궁무진한 매력을 느끼는 듯하다. 그런데 이 매력의 근원은, 그것이 우리가 도무지 풀 수 없는 수수께끼라는 데 있다.

위대한 철학자 칸트는 이렇게 말했다. "깊고 오래도록 생각할수록 우리 영혼을 점점 더 거대한 놀라움과 경외감에 휩싸이게 만드는 두 가지가 있다. 그것은 바로 밤하늘에 빛나는 별과 내 마음속의 도덕률이다."

또한 베토벤은 〈전원교향곡〉을 지은 다음 이렇게 말했다. "세상에 나만큼 전원을 열렬히 사랑하는 사람은 없다. 나는 한 그루 나무를 한 사람보다 더 사랑한다."

어쩌면 과학기술의 과잉은 우리가 주위 사물을 제대로 살피지 못하도록 만들었는지 모르겠다. 인류의 과학이 자연의 비밀을 남김없이 파헤쳐냈다고 자만하면서 말이다. 우리는 삶의 거대한 흐름에 이끌려 주위에 핀 아름다운 꽃과 머리 위에 펼쳐진 하늘을 바라볼 여유를 잃어버렸는지도 모른다.

우리가 걸어가는 인생길에는 아름다움이 무수히 많다. 아쉬운 점은 우리가 늘 필사적으로 살아가야 하는 탓에 자연을 홀대하고, 그것을 감상하는 법을 배우지 않았다는 것이다. 그야말로 인생의 비애가 아닐 수 없다. 우리의 지식을 잠시 버려두고 삶의 언저리에서 이 세계를 새롭게 바라보는 것은 어떨까? 우리가 잊거나 무시한 것들, 본래 우리에게 속했던 아름다움과 즐거움을 찾아보는 것은 어떨까?

자연과 가까이 하는 것은 여러모로 좋은 점이 있다. 먼저 신체에 도움이 된다. 이런 상황에서는 당연히 건강에 많은 문제가 발생한다. 자연에는 도시에 부족한 신선한 공기와 햇빛, 나무가 가득하다. 그것은 모두 우리 몸에 매우 좋은 것들이다. 신선한 공기는 신진대사를 돕고 체내 부산물을 배출한다. 햇빛은 살균 작용을 하는 동시에 콜레스테롤을 비타민 D로 바꾸어준다. 비타민 D는 음식물을 통해서는 섭취하기 어려운 영양소다. 나무는 이산화탄소를 빨아들이고 우리에게 필요한 산소를 내뱉는다. 또한 나무 자체의 자연색은 안구 피로를 완화하고 시력을 회복시켜준다.

자연과 가까이하는 것은 지식을 늘리는 데도 도움이 된다. 대자연에는 무궁무진한 신비가 깃들어 있다. 자연은 글자로 쓰이지 않은 책과 같다. 이것은 조금도 과장된 말이 아니다. 예를 들어 동물을 기르면 '의무'와 '책임'을 느끼는 동시에 '사랑'이라는 감정이 생겨난다. 이것은 우리의 감정을 풍부하게 만드는 데 도움을 준다. 재미있는 야외 놀이를 하면 상상력을 기를 수 있고 사고 능력도 끌어올릴 수 있다. 화초를 가꾸면 친환경적 자연관을 기르고 생로병사와 사물의 성쇠를 이해할 수 있다. 여행을 통해서도 대자연의 수려한 풍광을 느낄 수 있다. 마음이 여유로워지면 덩달아 심미안도 높아진다.

인류의 지혜는 대자연과 비교하면 턱없이 부족하다. 우리는 줄곧 자연을 모방해왔지만 대부분 졸렬한 수준에 그쳤을 뿐이다. 대시인 알렉산더 포프Alexander Pope는 이렇게 읊었다. "그들은 뉴턴을 보고 우리가 원숭이를 좋아한다고 할 것이다. 뉴턴과 아인슈타인도 그들의 눈에는 기껏해야 머리 좋은 원숭이에 불과하다." 여기서 말한 '그들'이란 바로 대자연을 가리킨다. 우리가 자연의 비밀을 풀었다고 우쭐거리며 뽐낼 때조차 사실은 그 비밀의 털끝조차 건드리지 못한 것이다.

자연과 가까이하면 자연에 관한 지식을 늘릴 수 있을 뿐 아니라, 물질적 개념과 변증법적 관념을 수립하는 데도 도움이 되고, 정확한 세계관을 세우고 적극적으로 인생을 마주하는 태도를 기를 수 있다. 꽃이 피고 지는 것을 보면 생명이 윤회한다는 것을 깨닫고, 구름이 모이고 사라지는 것을 보면 세상일이 무상하다는 것을 느끼게 된다. 해가 떠오르고 지는 것을 보면 사물에 양면성이 있다는 것을 깨닫고, 수목이 생장하는 것을 보면 생명의 힘을 느낄 수 있다. 독수리가 광활한 하늘을 가르는 것을 보면 자유를 바라게 되고, 물고기가 낮게 헤엄치는 것을 보면 동動과 정靜의 조화를 깨우칠 수 있다. 들풀이 자라는 것을 보면 가혹한 운명에 맞서는 투쟁 의지를 되새

길 수 있다. 대자연 앞에서 모든 생명은 넓은 바다에 던져진 좁쌀 한 톨에 불과하다. 따라서 자연이 담고 있는 진리는 우리가 일생을 바쳐 탐구하고 연구하고 배울 가치가 충분하다.

자연과 함께하는 것은 심미안을 기르는 데 도움이 되고, 삶의 품격을 끌어올릴 수도 있다. 자세히 관찰해보면 자연 속에는 결코 똑같은 아름다움이 없다. 수많은 화가들이 자연에 영감을 받아 불후의 작품을 만들어냈고, 적지 않은 음악가들도 자연의 선물을 받아 세월이 흘러도 결코 사라지지 않을 고전을 만들어낼 수 있었다. 대자연 속의 빛깔, 장엄한 골짜기, 떠들썩한 삼림, 이 모든 것들이 영감의 근원이 되어준다. 평범한 사람이라 할지라도 대자연의 품에서 아름다움을 느끼고 체험하고 이해할 수 있다. 이를 통해 아름다움을 감상하는 심미안을 끌어올릴 수 있다.

현대 과학이 밝힌 바에 따르면 인체는 도체이다. 우리는 일상생활에서 늘 정전기를 빨아들인다. 체내에 축적된 정전기가 일정한 양에 이르면 내분비 계통에 영향을 주어 기혈을 막고 불면과 불안 증세를 부른다. 대자연은 이런 정전기를 효과적으로 배출할 수 있게 해준다. 대자연 속에 있으면 머리가 맑아지며, 불면증을 잊고 불안증도 사라진다. 그러므로 자연으로 들어가는 것은 심신 건강에 모두 일정한 도움을 준다.

특히 현대인의 신체는 장기간 특별한 질병이 없더라도 건강 상태에서 질병 상태로 가는 중간 단계인 아건강 상태에 놓여 있으므로, 자연과 함께하는 일이 더욱 중요해진다.

그러나 자연을 가까이할 때는 시간에 주의해야 한다. 언제든 바깥 활동을 하기에 적합한 것은 아니다. 많은 사람들이 이른 아침에 바깥에 나가 운동을 하는 습관이 있다. 아침 공기가 신선하다고 느끼기 때문이다. 그러나 이른 아침일수록 실내에서 운동하는 것이 더 낫다. 동이 틀 때나 하늘이 아직 어둑어둑할 때는 공기가 신선하지 않다. 대부분의 식물이 이 시간에 이산화탄소를 비교적 많이 내뿜는다. 광장은 공기가 가장 많이 오염되어 있다. 해가 뜨고 난 뒤, 식물이 광합성 작용을 시작한 뒤에야 산소가 조금씩 방출되고 공기 오염도도 점차 떨어지게 된다.

오늘날 대부분의 사람들은 직선 반경에서 생활한다. 즉 일을 하러 가거나 집에만 가만히 머물러 있고, 밖으로 나가 자연과 가까이 할 기회는 매우 드물다. 설사 휴가 기간이라고 해도 소중한 시간을 허비하기 싫어 집에서 가만히 쉬는 경우가 많다. 루쉰魯迅이 일찍이 말했듯이 시간이란 스펀지 속에 든 물 같은 것이어서 짜내면 얼마든 짜낼 수 있는 것이다. 평소 시간을 잘 관리해서 꼼꼼히 안배하면 된다. 일할 때는 열심히 일하고 쉴 때는 시간을 내 자연과 벗하면 좋다. "어떤 일이든 미리 준비하면 성공하고 그렇지 않으면 실패한다"라고 했다. 어떤 일을 대하든 미리 계획을 세워야 한다. 만약 어떤 학생이 시간 계획을 세우지 않고 아무렇게나 공부하고 학습 계획을 세우지 않으면 어떻게 될까? 아마도 그 학생은 기분에 따라 단발적으로 공부할 뿐 지속성이 부족해 성적이 좋지 않을 것이다. 일과 일상생활도 이와 같다. 미리 계획을 세우지 않는다면 우리 자신에게 좋지 않은 영향을 줄 수밖에 없다.

물론 때로는 계획만 세우고 계획대로 따르지 않을 수도 있다. 이것이 많은 사람들이 계획을 세우지 않는 이유다. 계획 자체에 문제가 있는 것은 아니다. 다만 우리가 계획을 세우는 방식을 조정할 필요가 있다. 특히 실행 가능성을 염두에 두어야 한다. 적지 않은 사람들이 계획을 세울 때 분초를 다투어 매시간 혹은 매 분 단위로 일정을 채우고 조금의 여지도 남기지 않는다. 그러다 어떤 상황이 발생하면 곧바로 계획이 허물어진다. 이런 식의 계획은 춤을 추며 주먹을 내지르는 것과 같아서 조금도 힘이 들어가지 않는다. 그러므로 계획을 세울 때는 언제든 조정할 여지를 남겨두어야 한다. 복서가 품 안으로 팔을 끌어당겨 앞으로 주먹을 내뻗을 에너지를 비축하듯 말이다.

출구 있는
직장 스트레스

적지 않은 친구가 내게 하소연했다. "만약 사람이 사람이 아니길 선택할 수 있다면 나는 그렇게 할 거야. 돈이 없을 때는 돈 때문에 괴로웠지. 그런데 지금은 돈이 있어도 관계 때문에 여전히 괴로워." 나는 그들의 눈동자 속에서 절망을 보았다. 친구들의 의견에 완전히 동의하는 것은 아니다. 그러나 한 가지 부인할 수 없는 사실은, 현대사회의 스트레스가 이미 정상적인 현상이 되었다는 점이다. 스트레스는 더 이상 비정상적인 현상일 수 없다. 2011년 타이완에서 사회적 스트레스 조사를 실시한 적이 있다. 결과는 놀라웠다. 환자 천명 중 한 명이 정신병을 앓고 있었다.

무엇이 현대인의 심리적 스트레스를 이렇게 높여놓았을까? 설마 그 원인이 일과 삶에서 오는 부담감 때문인 걸까? 아니면 현대인이 너무 많은 것을 추구하고 만족할 줄 모르기 때문인 걸까? 그것도 아니면 시대가 달라져서 어떤 흐름이 되어 나타나는 것뿐일까?

모든 사람이 겪는 심리적 스트레스의 원인은 각기 다르다. 그러나 넓은 의미에서 보자면 스트레스가 생기는 원인은 크게 네 가지다. 일상, 좌절, 심리적 충돌, 그리고 불합리한 인식이 그것이다. 경제 조건이 그저 그럴 때는 궁핍한 생활에서 벗어나기 위해 애쓰고, 그러면 몸은 점점 피로해진다. 그러다 경제 조건이 좋아지면 생각이 변해 씀씀이가 대범해지고 공허한 감정이 생기기 시작한다. 영혼의 괴로움이 여전히 우리 삶을 지치게 만들고, 실패를 겪으면 소극적이 된다. 이런 외부와 내부의 좌절이 동시에 작용해 심리적 충돌을 만들어낸다. 사물에 대한 인식이 정상에서 벗어나면 자신의 경험만 믿을 뿐, 구체적 상황에 근거해 문제를 풀려 하지 않는다. 그로 인해 일이 뜻대로 되지 않고 심리적 부담만 커진다.

스트레스는 또 다른 에너지라는 말을 들어본 적이 있을 것이다. 물론 적당한 스트레스는 의욕을 불러일으킨다. 때때로 정력이 충만한 느낌이 들고, 때로는 디테일에 더욱 집중할 수 있도록 만들어준다. 그러나 스트레스가 가져다주는 부정적인 면을 무시해서는 안 된다.

　심리학자들은 사람의 마음을 현악기에 비유한다. 현악기는 적당한 긴장도가 없으면 소리를 만들어내지 않지만 그것이 너무 지나치면 줄이 끊어져버린다. 그러므로 스트레스와 삶이 서로 어우러질 수 있도록 적절히 정도를 조절해야 한다. 서로 영향을 주어서 에너지를 상쇄하면 안 된다.

　사회가 진보할수록 사람들은 건강한 삶을 꿈꾼다. 그러나 대부분은 건강이라는 단어의 정의를 단편적으로만 이해하고 있다. 세계보건기구가 1996년 발표한 보고서에는 이렇게 적혀 있다. "건강은 신체적 결함과 질병이 없는 것뿐 아니라 완전한 생리적 심리적 상황과 사회 적응 능력을 포함한다." 그러므로 우리는 완전한 삶을 추구하는 동시에 심리적 스트레스를 해소하는 일도 소홀히 할 수 없다.

　스트레스는 우리 몸과 마음에 매우 큰 영향을 준다. 스트레스는 인체 근육을 긴장하게 만들고 소화불량, 심박수 증가, 혈압 상승 등을 부른다. 땀이 나서 몸이 차가워지고, 당과 지방이 혈액으로 녹아드는 속도가 빨라지며 혈전도 증가한다. 스트레스는 인지 측면에도 적지 않은 영향을 준다. 스트레스를 받은 사람은 주의력이 떨어지고 이해력과 기억력 그리고 창의력도 떨어진다. 금세 조급해지고 두려워하고 초초해한다.

어떤 사람들은 스트레스를 해소하려고 좋지 않은 습관을 만들기도 한다. 담배, 술, 차, 커피에 지나치게 의존하고, 심지어 강박 증세도 일으킨다.

또한 스트레스는 각종 질병을 유발한다. 과민성 천식, 두통, 자극성 장 증후군, 두드러기, 고혈압은 물론이고, 심장병, 혈액 지질과 혈전 생성, 중풍도 유발할 수 있다. 스트레스는 면역력을 떨어뜨리며, 스트레스가 높을수록 항체는 더욱 줄어든다. 병원균이 침투할 확률은 더욱 커지고, 심지어 폐암, 혈액암, 피부암도 일으킨다. 스트레스는 골격 생성에도 일정한 영향을 준다. 호르몬 분비와 골밀도가 밀접한 관계가 있는 까닭에, 골관절계 질병을 유발하는 것이다. 대부분 얼굴에 부스럼이나 여드름이 난 적이 있을 것이다. 이것도 심리적 스트레스와 밀접한 관련이 있다. 스트레스는 또 소화기 계통에 큰 지장을 줄 수 있다. 스트레스를 받으면 위산 분비가 촉진되고, 이로 인해 설사, 장경련, 결장경련 그리고 급성 장염이 나타날 수 있다.

스트레스를 해소하려면 먼저 스트레스가 무엇인지 정확히 알아야 한다. 각자의 스트레스는 서로 다르다. 따라서 스트레스를 푸는 방식도 저마다 다를 수밖에 없다. 먼저 자기 자신을 정확히 알고 어느 부분에서 스트레스를 받는지 이해할 필요가 있다.

미국 심리학자 엘머 게이츠Elmer Gates 박사는 100명을 대상으로 매우 특별한 실험을 진행했다. 섭씨 0도의 조건에서 비커로 빙수 혼합물을 담고 사람들이 호흡할 때 나오는 입김을 채취했다. 결과는 매우 흥미로웠다. 마음이 평온한 사람이 내뱉는 기체는 대부분 투명했고, 반면 마음이 슬픈 사람들이 내뱉는 기체에서는 백색 침전물이 생겼다. 분노하는 사람이 내뱉는 기체는 보라색을 띠었다. 이 보라색 액체를 실험용 쥐에게 주사하자 치명적인 위험이 발생했다. 이 결과만 보아도 스트레스가 신체에 미치는 부정적 영향이 결코 적지 않음을 알 수 있다.

그렇다면 어떻게 해야 스트레스를 해소하고 마음을 편안하게 만들 수 있을까?

좌절을 겪거나 부정적 감정에 사로잡혀 있을 때는 사물의 밝은 면을 보도록 노력하는 것이 좋다. 우리는 흔히 물질이 의식을 결정하고, 의식은 물질에 반작용하며, 한 사람의 태도나 생각이 곧 그의 운명을 결정짓는다고 말한다. 언제나 자신에게 더 좋은 결과가 있고, 고생 끝에 낙이 온다고 굳게 믿어라. 어떤 문제와 맞닥뜨리면 다른 사람과 더 많이 교류하는 것도 좋다. 문제를 해결하는 방법은 한 가지가 아니다. 혼자서 문제를 끌어안으면 개인적 스트레스도 엄청나고, 저도 모르는 사이에 악순환에 빠져 사소한 문제에 고집스레 매달리기 쉽다.

미국의 철학자 윌리엄 제임스William James는 "즐겁기 때문에 노래를 부르는 것이 아니다. 노래를 부르기 때문에 즐거운 것이다"라고 말했다. 스트레스를 느낄 때는 노래를 부르는 것도 좋다. 음악에 맞추어 소리를 지르고 몸을 이리저리 흔들다 보면 엔도르핀이 생성된다. 엔도르핀은 아미노기 화합물의 일종으로, 천연 진통제와 같은 작용을 한다. 엔도르핀은 대뇌의 모르핀계와 독특하게 결합해 모르핀과 유사한 작용을 하며, 통증을 억제하고 즐거움을 느끼게 한다. 노래를 부르면 또한 귀 안의 둥근주머니를 활성화해 쾌락과 관련한 대뇌 조직과 연결되어 스트레스가 해소된다.

티베트의 밀종 불교에서는 이런 말이 전해져 내려온다. "해결할 수 있는 일은 근심할 필요가 없다. 해결할 수 없는 일 또한 근심할 필요가 없다." 실제로 우리가 걱정하는 일의 92퍼센트가 실제로 발생하지 않는다고 한다. 대부분의 걱정은 우리의 상상력이 만들어낸 것이고 결코 사실이 아니다. 만약 정말로 피할 수 없는 문제라면 정면으로 맞서서 평정한 마음으로 해결 방법을 고민해야 한다. 따라서 그런 일조차 걱정할 가치가 없는 것들이다.

또한 분노를 제어하는 법을 익혀야 한다. 불교에서는 욕심·

성냄·어리석음(貪瞋癡)의 세 가지 번뇌를 끊으라고 강조한다. 천주교와 기독교에서도 분노를 칠대 원죄 중 하나로 꼽는다. 분노가 생기면 그 문제의 중요도를 따진 다음 이렇게 자문하라. "내가 지금 화낼 필요가 있을까?"

아마 이런 이야기를 들어본 적이 있을 것이다. 어떤 사람이 즐거운 일이 생길 때마다 돌에 새겨 그 일을 결코 잊지 않고자 했다. 반면 화나고 슬픈 일은 모래 위에 써서 파도가 치면 자연스레 쓸려가도록 했다. 아마 그는 자신의 마음을 다스리는 진리를 깨닫고 있었음이 틀림없다.

성경에도 "해가 지도록 분을 품지 말라"는 말이 나온다. 세상일은 무상하다. 그러므로 지나치게 따지지 말고 상대방과 자기 자신을 용서하는 법을 익혀라. 한의학 이론에 "삼분조三分調 칠분양七分養"이라는 것이 있다. 우리 몸이 스트레스를 받고 호르몬 이상이 오면 식물이나 약물로 30퍼센트 정도 병을 치료할 수 있다. 그러나 70퍼센트는 휴식을 취하거나 운동을 해서 회복을 꾀해야 한다는 뜻이다.

음식을 섭취해 스트레스를 없애려면 어유가 풍부하게 들어간 연어, 백다랑어, 흑다랑어 등이 좋은 선택이다. 셀레늄도 스트레스를 줄이는 작용을 한다. 밤과 마늘에는 셀레늄이 다량 함유되어 있다. 비타민 B2, B5, B6도 스트레스 해소에 좋다. 한편 명의로 이름났던 편작扁鵲은 이렇게 말했다. "약으로 보하는 것은 음식으로 보하는 것만 못하고, 음식으로 보하는 것은 잠으로 보하는 것만 못하다." 양생을 위해서는 수면이 가장 중요하다. 인간과 동물은 모두 수면을 통해 생장한다. 수면은 비장과 위장이 음식을 잘 소화하도록 돕는다. 옛 사람들은 하룻밤 자지 못하면 그 손실은 백 일로도 보충할 수 없다고 했다. 태양이 뜨고 지는 때에 맞추어 일하고 휴식하는 것은 자연의 이치와도 부합한다. 몸이 좋아지면 심리적인 문제도 자연스레 호전되는 법이다.

운동도 스트레스를 줄이는 효과가 있다. 도시에 사는 현대인은 시간이 없어서 너무 격렬한 운동은 할 수 없다. 요가, 국민체조, 태극권이 괜찮은 대안이다. 지나치게 많은 시간을 들이지 않고도 긴장을 푸는 데 도움을 주고, 게다가 배우기도 쉽다. 요가는 몸을 통해 마음과 호흡을 연결하고, 마음을 고요하게 하며 건강을 개선한다. 국민체조는 우리가 어렸을 때부터 해온 것이다. 여러 가지 동작을 통해 혈액 순환을 촉진하고 폐활량을 늘려주며, 신체 단련 효과도 있다. 태극권은 부드러운 회전 운동으로, 근육과 신경 계통의 긴장을 푸는 작용을 한다.

『황제내경黃帝內徑』에는 "성인聖人은 억지로 일하지 않고 허튼 생각을 하지 않으며 긍정적이고 유쾌한 마음으로 평온한 삶을 이어가는 까닭에 천수를 누릴 수 있다"고 쓰여 있다. 생각해보면 옛 사람들은 오래전부터 정신이 우리 신체에 미치는 영향을 잘 알고 있던 셈이다. 그러므로 좌정을 통해서 우리 몸과 마음의 움직임을 다스리는 법을 배워야 한다. 고요히 앉아 있을 때는 심신을 통제해 무한한 긍정과 창의력을 느끼는 경지에 이르게 된다. 대뇌가 안정 상태에 들어가면 어지러운 마음이 물러가고, 가장 좋은 것은 물과 같다(上善若水)라는 말처럼 최고 선의 경지에 이를 수 있다. "마음을 편안히 하고 욕심을 내지 않으면 진기가 스스로 갈 길을 찾고, 정신을 거두어 안으로 지키니 병이 함부로 들어올 수 없다." 이것이 바로 좌정의 효과에 대한 최고의 평가인 셈이다.

모든 사람의 스트레스는 서로 다르고, 해결 방법도 각양각색이다. 그러나 스트레스를 해소하는 본질은 스트레스가 올 때 얼마나 마음을 잘 다스려 심리적 균형을 유지할 수 있느냐에 달려 있다. 이 점을 잘 기억한다면 스트레스를 없애는 것도 반드시 어려운 일만은 아닐 것이다.

원하는 것과
욕심은 다르다

『논어』 학이學而 편에서 공자가 말했다. "군자는 음식을 먹을 때 배부름을 추구하지 않고, 머물 때 안락함을 추구하지 않는다. 근면하게 일하고 신중하게 말하며, 현덕이 있는 사람을 따라 자신을 바르게 한다(君子食無求飽, 居無求安, 敏於事而慎於言, 就有道而正焉)."

이 문장에서 공자가 군자의 도에 대해 어떻게 생각하는지 엿볼 수 있다. 공자가 보기에 군자는 물욕을 버림으로써 자신의 뜻을 이룬다. 욕심이 없으므로 자연히 외부 세계에 방해받지 않고 자신을 지킬 수 있다.

적지 않은 사람들이 '욕망'에 일정한 편차가 있다고 생각한다. 불가에서는 보이는 것(色), 들리는 것(聲), 코 속을 파고드는 향기(香), 혀끝에 스미는 맛(味), 몸의 감각을 자극하는 촉감(觸), 시시각각으로 일어나는 생각法을 육욕六欲이라 하며, 기쁨(喜), 성냄(怒), 슬픔(哀), 두려움(懼), 사랑(愛), 미워함(惡), 욕망(欲)은 칠정七情이라고 한다. 조금 과장해서 말하자면 한 사람이 태어난 순간부터 육욕과 칠정에서 벗어날 수 없다. 공자는 '욕심이 없는 사람이 곧 강한 사람(無欲則剛)'이라고 말한 바 있다. 그러나 이것은 인간이 일체의 욕망도 버려야 한다고 말하는 것이 아니다. 사람은 배가 고프면 밥을 먹어야 하고, 피곤하면 쉬어야 한다. 어떤 사람들은 생리적 욕구를 욕망에 비유해서 강해지기 위해서는 밥도 먹지 않고 잠도 자지 않아야 되는 것 아니냐고 반문하기도 한다. 그러나 그건 터무니없는 논리다.

진정한 무욕즉강의 경지에 들려면 먼저 '욕'에 대해 정확히 알아야 한다. 어떤 이는 욕망을 적극적 향상심이라고 정의하고, 열심히 노력하게 만드는 원동력이라고 생각한다. 심지어 원대한 이상과 고상한 목표라고 일컫기도 한다. 그렇게 생각하면 '유욕즉강'이 더욱 합리적일 것 같다. 그러나 '욕'과 '강'의 관계를 본질적으로 분석해보면 위에서 말한 논리가 들어맞지 않다는 것을 알 수 있다.

공자는 만년에 각국을 주유할 때 지금까지 진정으로 강하다고 칭할 만한 사람을 만난 적이 없다고 불평했다. 그러자 한 사람이 공자에게 신정申棖을 추천했다. 그러나 놀랍게도 공자는 신정을 이렇게 평가했다. "신정은 욕망이 있는 사람이다. 어떻게 강하다고 칭할 수 있단 말인가."

제자들이 이해하지 못하자 공자는 『논어』 '요일堯曰' 편에서 '욕망'에 대해 설명했다. "어질면서 어질기를 바라면, 또 어찌 탐욕스럽겠느냐(欲仁而得仁, 又焉貪)."

학자 호교목胡喬木이 이에 대해 상세히 해석한 바 있다. "만약 욕망이 인덕에서 벗어나지 않는다면 자연히 인덕을 얻을 것이다. 어찌 허욕을 부릴 수 있겠는가."

우리는 호교목의 해석을 통해 유가의 이론을 이해할 수 있다. 진정 강한 경지에 이르지 못하도록 우리를 가로막는 것은 다름 아닌 우리의 사사로운 욕심이다.

일단 욕망에 대한 제어가 느슨해지면 곧바로 욕망에 사로잡혀 잘못된 길에 들어서고, 자기 자신을 위해 타인의 이익을 침해하는 것도 주저하지 않게 되는 것이다. 그러므로 앞에서 언급한 '무욕즉강'이 드러내는 바는 일상생활에서 남과 어울리며 살아갈 때 자기 욕망을 제어하는 법을 배워야 한다는 것이다. 이를 통해 공익을 위하고 법을 준수하며 원칙이 흔들리지 않는 강한 자의 경지에 들 수 있다.

히틀러나 스탈린 같은 사람들은 큰 뜻을 품었고, 자신의 민족을 부흥하려는 포부를 지니고 있었다. 그러나 욕망을 제어하지 못하고 정도에서 벗어나고 말았다. 결코 꺾이지 않는 이상과 포부는 확실히 한 사람이 성공을 거두도록 만드는 원동력이 된다. 그 사실은 부정할 수 없다. 또한 인생의 가치관을 실현하는 데도 어느 정도 도움이 된다. 천하를 평정하겠다는 포부를 가진 사람은 반드시 그 과정에서 사사로운 욕심을 억제하며, 흔쾌히 공공의 이익에 헌신하며 원칙을 지키고 쉽게 흔들리지 않아야 한다.

사람들이 분개하는 이유는 그들이 가진 것이 노력한 것보다 월등하게 많다는 데 있다. 우리는 곧잘 "인간의 탐욕은 뱀이 코끼리를 삼키는 것처럼 만족할 줄 모른다"라고 말한다. 또 부패한 사람을 보고 "욕망이 골짜기처럼 깊어 절대로 메울 수 없다"라고 평가한다. 인간은 무언가를 욕망하기 시작하면 쉽게 그칠 줄 모른다. 자기 욕망을 만족시키기 위해 바른 길에만 의지하는 것은 실로 어려운 일이라고. 그러나 삶이 광명정대하지 않다면, 어떻게 강한 사람이 될 수 있겠는가. 욕심이 없어 강한 경지에 이르려면 자신을 이기는 법부터 배워야 한다. 자기 욕망을 억제하고 상대적으로 단출한 물질적 환경에 만족할 수 있어야 한다. 그렇지 않으면 불의한 재물을 모으거나 법을 어기는 일을 저질러 남에게 칼자루를 쥐어주고 수동적인 상황에 처할 수 있다. 옛말에 다른 사람이 사준 밥을 얻어먹으면 어쩔 수 없이 무르게 된다고 했다. 일단 자기 약점을 잡히면 아무리 강하고 싶어도 막 쪄낸 두부와 같아서 결코 단단해질 수 없다.

맹자는 "생명도 내가 원하는 것이요, 도의도 내가 원하는 것이다. 그러나 두 가지를 모두 가질 수 없다면 생명을 버리고 도의를 취하겠다(生我所欲也, 義亦我所欲也, 二者不可兼得, 舍生取義者也)"라고 말했다. 언뜻 보면 원하는 바가 많은 것 같지만 맹자가 '생명'에 대한 욕망마저 억제하는 태도는 진정 찬양할 가치가 있다. 심지어 목숨조차 버릴 수 있는 무욕한 태도는 가슴에 호연지기를 가득 담은 강한 경지라고 일컬을 수 있다.

이천 년 전에 초나라의 굴원은 중상모략을 당했어도 나라를 버리지 않고 멱라수汨羅水에 몸을 던져 죽었다. 남송의 문천상文天祥은 원나라의 포로가 되었지만 죽을지언정 투항하지 않았고 "이 세상에 나처럼 죽지 않는 사람이 어디 있는가. 나라에 충성해 청사에 길이 이름을 남기면 그것으로 족하리"라는 절창을 남겼다. 청나라의 임칙서林則徐는 뇌물을 받기를 거부해 적에게서도 "흠차대신 임칙서는 뇌물로 손을 더럽혀본 적이 없다"라는 칭찬을 들었다. 일반적으로 강한 사람은 모두 이상

주의자이며, 진리와 원칙을 굳게 지킨다.

이런 경지에 이르려면 어떻게 해야 하는 것일까? 먼저 정확한 인생관, 세계관, 가치관을 정립해야 한다. 그러기 위해서는 배움에 소홀해서는 안 된다. 과학과 인문 지식을 배우고 여러 사상을 공부해 갈등을 해결할 방법을 찾아야 한다. 또한 끊임없이 자기 자신을 돌이켜보고 사상적 오류를 적극적으로 바로잡으려 노력해야 한다. 어떤 것이 올바른 관념인지 분별하며 언행에 주의해 자신만의 관점을 세워야 한다. 남들이 가는 대로 휩쓸려 자기 자신을 잃어서는 안 된다.

둘째, 고상한 품격을 길러야 한다. 사상과 도덕은 우리 언행을 규정짓는다. 그것은 법이나 규칙과는 달라서, 내부에서부터 인간의 행위를 제약한다. 상대방을 존중하려면 그 사람의 처지에서 문제를 다시 한 번 생각해보아야 한다. 처지를 바꾸어 생각하려면 내가 하기 싫은 것을 상대방에게도 하지 않는다는 원칙을 지키며 행동하는 것이 좋다. 현실에서 우리는 가면을 쓰고 자기를 보호하려 한다. 그러나 가면을 너무 오래쓰고 있으면 두 가지 인격 사이에서 길을 잃을 수도 있다. 가면을 벗어놓고 자기 마음의 소리에 따라 진심으로 남을 대하라. 고난과 맞서 싸울 때는 누구나 지치고 피로하며 포기하고 싶어진다. 그러나 그럴수록 고난을 끝까지 이겨내며 그것이 올바른 방법이라고 믿어야 한다. 포기하고 싶은 유혹을 하나씩 이겨내는 순간 우리의 정신은 한 단계 더 성장하게 된다.

셋째, 자기 위치를 똑바로 세워라. 적지 않은 사람들이 욕망의 노예가 되어 길을 잃는 이유는 자기 위치를 정립하지 못했기 때문이다. 그래서 자기 것이 아닌 이익에 욕심을 내다가 실수를 저지르고 결국 모든 것을 잃고 만다. 우리 행동은 모두 이익과 밀접한 관련이 있다. 마르크스는 "인민의 투쟁으로 얻은 모든 것은 그들의 이익과 관련된 것이다"라고 말했다. 우리는 자신의 권익을 지켜야 하지만, 물질적 이익은 우리가 사회에서 맡은 책임과 부합해야 한다. 무엇을 추구하든 일정한 정도를 지키라는 말이다. 그 정도 안에서 이익과 현실이 균형을 이루는 것이다. 만약 정도를 벗어나면 이익과 현실은 서로 기형적으로 발전하게 된다. 모든 사람이 욕심이 없을 수는 없다. 그러나 최소한 만족할 줄 아는 사람은 늘 행복하다는 진리를 깨닫는다면, "재물을 사랑해도 도리에 맞게 구한다(君子愛財, 取之有道)"라는 군자의 길에 한 걸음 가까이 다가갈 수 있을 것이다.

마음의 평화를
얻는 법

　　우리는 끊임없이 외부 세계의 간섭을 받는다. 그러면 마음에 부정적 에너지가 쌓이고, 스트레스가 심해져서 삶을 홀가분하게 대할 수 없다. 마음이 안정되지 않으면 어떤 문제든 냉정하게 처리할 수 없고, 문제를 냉정하게 처리하지 못하면 마음이 더 심란해진다. 이런 악순환의 고리가 만들어지면 일상생활이나 내면세계에 모두 좋지 않은 영향을 준다.

　　불교에서 강조하는 것은 바깥 사물의 방해를 받지 않는 안정된 마음 상태다. 즉 바깥의 선禪과 안의 정定, 다시 말해 선정禪定이다. 『육조단경六祖壇經』 좌선품坐禪品에 '선정'에 대한 구체적인 해석이 나와 있다.

선정이라는 것은 다음과 같다. 바깥 것에 머물지 않고 오염되지 않는 활용이 선禪이고, 마음이 분명하여 안주하는 것이 정定이다. 이른바 외선내정外禪內定이란 선정이 한결같은 것이다. 바깥으로 오욕伍慾(재욕, 색욕, 식욕, 명예욕, 수면욕의 다섯 가지 욕망)과 육진六塵(불가에서는 보이는 것, 들리는 것, 코 속을 파고드는 향기, 혀끝에 스미는 맛, 몸의 감각을 자극하는 촉감, 시시각각으로 일어나는 생각 등 중생의 참된 마음을 더럽히는 것들)을 대하고 세간의 생사와 번뇌에도 마음이 움직이지 않으면 그것이 선이다. 안으로 마음속에 탐욕과 집착이 없으면 그것이 정이다. 선정을 참구하는 것은 암실에 밝은 빛이 비치는 것과 같다.

물론 모든 사람이 선승처럼 수행을 하고 '선'이 무엇이고 '정'이 무엇인지 완벽하게 이해해야 하는 것은 아니다. 앞에서 이야기한 내용 중 비교적 간단히 이해할 수 있는 것도 있다. 즉 안정된 마음 상태를 유지하기 위해서는 바깥 사물에 방해받지 않아야 한다는 사실이다. 이것이 바로 정신적 해탈이라 할 수 있다.

우리는 늘 과거를 그리워하며 어린아이였던 시절로, 근심 걱정 없고 자유롭고 단순했던 때로 되돌아가고 싶어 한다. 그건 아마도 우리가 지금 생활에 만족하지 못하고 마음에 부담이 너무 많기 때문일 것이다. 과거로 돌아가고 싶은 것은 잃어버린 아름다움을 되찾고, 잘못된 선택을 피하고, 좀 더 즐거운 시간을 누리고 싶기 때문이다. 이런 도피 심리는 잘못된 것이 아니다. 그러나 과거로 돌아가는 것은 어쨌든 소극적인 태도다. 그래서도 안 되고 그럴 수도 없다. 와야 할 것은 언젠가 오고 맞닥뜨려야 할 것은 어쨌든 맞닥뜨려야 한다. 도망치는 것은 좋은 방법이 아니다. 마음이 안절부절못할 때 그냥 내버려두면 심리적 부담을 떨치고 일에 매진할 수 없다. 마음을 안정시키는 것은 우리가 성공을 추구하는 과정에서 반드시 필요한 단계이다.

살다 보면 하루하루 갖가지 기분에 좌우되기 마련이다. 어떤 사람은 쉽게 화를 내고 자기 기분을 제어하지 못하며, 어떤 사람은 의심이 많아 쓸데없이 정력을 소비한다. 어떤 사람은 떠들썩한 것을 좋아해 모임이 많을수록 즐거워하지만, 모임이 끝나면 더욱 큰 공허함을 느낀다. 또 어떤 사람들은 너무나 섬세해서 별다른 이유도 없이 그저 슬퍼하기 위해 슬퍼한다.

삶에서 즐거움을 얻는 방법은 두 가지뿐이다. 하나는 바깥 세계에서 즐거움을 찾는 것이다. 즉 끊임없이 새로운 것으로 자신을 자극하고 즐거움을 느끼는 것이다. 다른 하나는 스스로 즐거움을 느끼도록 하는 것이다. 마음에서 우러나온 평화야말로 마음이 강건해졌다는 증거다. 자상한 노인이나 지혜로운 어른을 떠올려보면 그들에게 바로 이런 모습이 있다는 것을 어렵지 않게 발견할 수 있다. 그들은 고인 물처럼 차분하고 어떤 것을 얻거나 잃었다고 해서 쉽게 기뻐하거나 슬퍼하지 않는다. 한마디로 말해 여유가 있고 침착하다. 바로 이런 상태여야 외부 세계에 방해받지 않고 한마음 한뜻으로 자신이 하고 싶은 일에 집중할 수 있다.

우리는 많든 적든 별로 중요하지 않은 일에 영향을 받는다. 어떤 것 때문에 분노하거나 상심하고, 때로는 밥을 먹거나 잠을 자지도 못한다. 그래서 일이나 공부, 일상생활에 심각한 영향을 받고, 혹은 예정된 계획에도 방해를 받는다. 이럴 때는 차라리 생각을 달리해보라. 우리의 마음은 온전한 세계이다. 외부 세계의 모든 것은 우리 내면세계의 잠재의식이 투영된 결과이다. 내면세계가 어떻게 해서 외부 세계와 연결되느냐에 따라, 외부 세계는 같은 방식으로 우리와 연결된다. 그러므로 내면세계가 외부의 방해를 받지 않아야 외부 세계가 우리에게 지나친 영향력을 행사할 수 없는 것이다.

시간이 흐르면 우리 주위를 둘러싼 세계는 변화하고, 우리도 시간과 세계의 변화에 맞추어 따라간다. 살다 보면 불쾌한 일을 경험하는 것을 피할 수 없다. 하지만 그것이 삶의 참모습이며 변하지 않는 법칙이다. 이 법칙을 깨닫지 못하면 오랫동안 우울한 기분에 시달려 유한한 생명을 아무 의미 없이 소모하게 된다. 이것은 개인적으로 막대한 손실이자 어찌 보면 재난이라고 말하지 않을 수 없다. "인생은 유한한 황금이지만 종종 한 푼 가치도 없는 탄식이 되고 만다"라고 했다. 어쩌면 당신은 심리적 부담의 위험성을 아직 인지하지 못할지도 모르고, 별로 중요하지 않다고 생각할 수도 있다. 그러나 심리적 부담은 알게 모르게 일과 학습 효율을 떨어뜨린다. 인생의 즐거움도 그에 따라 대폭 줄어들며, 삶의 질도 덩달아 떨어진다. 심리적 부담이 지나치게 커지면 천재라 할지라도 평범해지며 부지런한 사람은 게을러지고 건강한 사람은 질병을 앓게 된다. 이것은 결코 과장이 아니다. 오랜 기간 쌓인 심리적 불만은 한 사람을 파괴하는 부드러운 칼날과 같다.

어떻게 해야 기분을 다스려 안정된 상태로 만들 수 있을까? 상황을 개선하기 위해서는 먼저 자기가 처한 상태를 정확히 알 필요가 있다. 화가 날 때의 기분을 이해하고 구체적 상황에 맞는 구체적 해결 방법을 찾아야 한다.

분노는 흔히 볼 수 있는 부정적 정서이다. 이런 정서는 항상 공격성과 관련이 있으며, 또한 인류가 진화해온 단계와 부합한다. 사회가 점점 발전하면서 분노의 형태도 변화했다. 사회생활을 하면서 맺는 좋지 않은 인간관계는 종종 우리가 분노를 느끼는 원인이다. 모욕이나 좌절, 간섭, 원하지 않는 일을 억지로 떠맡는 것 등이 모두 분노를 유발한다. 분노는 양날의 검이다. 물론 적당한 분노는 일정한 성과를 이루도록 돕는다. 악비岳飛의 시 〈만강홍滿江紅〉 같은 것이 바로 극도로 분노한 상황에서 만들어진 것이다. 악비는 북벌北伐의 뜻을 이루지 못하고 비분에 찬 심정을 시로 노래했다.

그러나 분노가 자기 자신과 남을 해친다는 사실 또한 부정할 수 없다. 분노는 생리적 불편을 초래하며, 극도의 분노는 심지어 고혈압과 뇌출혈 같은 질병을 일으킨다. 서양에서는 이런 말이 전해진다. "하늘이 누군가를 멸하게 하려면 먼저 그를 미치게 만든다." 일시적인 충동은 아무리 노력해도 수습할 수 없는 결과를 초래할 수 있다. 어떤 일을 대하든 냉정하게 처리해야지, 즉흥적인 기분으로 대처해서는 안 된다. 가벼운 활동으로 충동적인 기분을 가라앉히는 법을 배워야 한다. 충동이 밀려올 때는 그 일과 상관이 없는 다른 일을 떠올려보는 것이 좋다. 그러면 충동적인 기분을 가라앉히는 데 도움이 된다. 심리학적으로는 이것을 자아전이自我轉移라고 부른다. 일상생활에서도 큰 범주에서 생각해야 내면의 분노를 가라앉히고 정신적 해탈을 이루는 데 도움이 된다.

이미 이룬 성과에 만족해 우쭐해질 때는 자만하는 마음이 생겨나기도 한다. 이런 때는 계속해서 배워나가려는 의지가 줄어들고 자꾸 현실에 안주하려고만 든다. 자만하는 마음을 다스리기 위해서는 비판을 받아들이는 법부터 배워야 한다. 다른 사람의 비판을 받아들이면 자기 고집을 억누를 수 있다. 남과 동등하게 어울리기 위해서는 먼저 나와 남을 동등하게 바라보아야 한다. 자기만 잘났다고 생각하거나 남을 폄하해서도 안 된다. 이렇게 하면 자만심을 극복하는 데 도움이 된다. 자기를 제대로 알려면 이미 이룬 성과뿐 아니라 부족한 점을 함께 살펴보아야 한다. 부분적인 것에 얽매여 전체를 보지 못하는 실수를 범해서는 안 된다. 또한 발전적인 측면에서 자신을 바라보는 것도 중요하다. 지금 이룬 성취가 미래의 모습을 대표하는 것은 아니다. 지금 작은 성공을 이루었다고 해서 우쭐대거나 자만한다면 앞으로 실패할 가능성이 농후하다.

자기 자신이나 자기가 가진 어떤 것이 남에게 미치지 못할 때는 불만족스러운 감정이 생기기 마련이다. 이것이 바로 열등감이다. 열등감은 조직 내에서 자신의 존재감이 낮기 때문에 생긴다. 열등감은 인간관계에 나쁜 영향을 주고 개인이 발휘할 수 있는 능력을 갉아먹는다. 개인 건강에도 좋지 않고, 심각하면 이상심리를 유발하기도 한다.

열등감을 극복하려면 자신의 장점을 발견하고 지금까지 이룬 성과를 긍정함으로써 자신감을 촉발해야 한다. 정확한 자기 인식 외에도, 어떻게 해야 자기 자신을 더 잘 드러낼 수 있는지 배우는 것도 중요하다. 자기 재능에 맞는 표현 방식을 찾고, 다른 사람이 어떻게 보는지 상관하지 않고 자기를 위해 살아야 한다. 또 모든 일에 지나친 기대를 품기보다는 만족함을 알아야 한다. 일을 하든 공부를 하든 목표를 너무 높이 세우지 마라. 목표를 실현하는 것은 그 자체로 자기 자신에 대한 긍정이다. 자신을 긍정하는 경험이 많아질수록 사람은 점점 자신감이 생긴다. 그러나 만약 좌절하게 된다면 그것을 담담히 받아들이고 마음을 단련하라. 좌절을 경험하거나 실패할 때 하늘을 원망하고 남 탓을 하며 자신을 하찮게 보는 것은 어떤 도움도 되지 않는다. 객관적으로 여러 상황과 자신의 조건을 분석하고 심리적 균형점을 찾아야 한다. 열등감을 극복하고 싶다면 사회관계도 강화해야 한다. 여러 분야의 사람을 만나면 성격이 명랑해지고, 그들과 사귀는 과정에서 은연중에 자기 자신에게도 변화가 일어날 수 있다.

그런가 하면 가장 근원적인 부정적 감정 중 하나가 바로 슬픔이다. 모든 사람이 슬픔을 경험한다. 이별, 실패, 낙심, 고독 등 어떠한 일이든 슬픔을 유발할 수 있다. 슬픔은 온갖 정서가 합쳐진 것이다. 슬픔의 정도는 당신이 무엇을 잃었느냐 혹은 그 가치가 얼마나 되느냐에 따라 결정된다. 또한 의식 성향과 개인적 특징과도 불가분의 관계이다. 슬픔이 지속되면 고통, 실망, 무기력을 경험하고 심하면 우울증도 유발될 수 있다. 슬픔은 분노와 마찬가지로 건강에 매우 위험한 요소다. 신체 면역 기능을 떨어뜨리고 심뇌혈관 질환, 심혈관계 질환, 종양, 심장병에 걸릴 가능성이 큰 폭으로 증가한다. 심각한 슬픔은 생리 기능 측면의 돌연사를 일으킬 수 있다. 슬픔이라는 감정을 대할 때 가장 중요한 것은 심리적 혹은 생리적 메커니즘을 통해 스스로 슬픔을 배출하도록 허락하는 것이다. 물론 적당한 정도에서 멈출 줄 알아야 한다. 모든 일에는 정도가 있다. 언제까지 슬퍼하기만 해서는 안 된다. 주의를 다른 곳으로 돌리고 가능하면 빨리 일어서는 데 열중해야 한다. 슬픔으로 자신의 마음을 가득 채워서는 안 된다.

마음을 고요히 가라앉혀 편안하게 현재를 받아들이는 것을 배우는 것은 결코 불필요한 욕망이 아니다. 정신적 해탈을 이루면 무거운 심리적인 부담을 떨치고 더욱 빠르게 목표에 도달할 수 있다.

가끔씩,
다른 생각도

길고 긴 인생길에서 경계를 만나는 것은 자연스러운 과정이다. 그런 경계에는 의식과 사고 수준, 행동 방식 등이 포함되어 있다. 이런 것들이 다다른 정도와 상황의 좋고 나쁨은 주로 우리가 인생에서 얻은 깨달음과 관련이 있다. 사전에서는 '인생 경계'에 대해 다음과 같이 해석하고 있다. "사람이 사람과 사람, 사람과 자연, 사람과 사회, 사람과 우주의 활동 과정에서 깨달은 인생의 의미." 이를 통해 인생 경계에 관한 철학적 인식을 살펴보는 것은 그다지 어렵지 않을 것이다.

송나라에 청원青源이라는 선승이 있었다. 그는 불도를 닦을 때의 경험을 말하며 이런 이론을 설파했다. "노승이 삼십 년 전에 처음 참선을 할 때, 산은 산이요, 물은 물이었다. 뒤에 이르러 지식을 접하고 깨우침에 들어서고 보니 산은 산이 아니요, 물은 물이 아니었다. 그러나 마침내 깨달음을 얻으니 여전히 산은 산이요, 물은 물이더라."

청원 선사가 말한 세 가지 단계는 불교 경전에 대한 이해를 나타냄과 동시에 인생의 세 가지 경계를 설명해주고 있다.

인생의 첫 번째 단계에서는 "산은 산이요, 물은 물이다". 처음 사회에 발을 내디딜 때는 누구나 세상에 호기심을 품는다. 천진한 눈빛으로 모든 것을 대하며 주관적인 생각이 끼어들 새가 없다. 우리 의식 속에서 세상만물은 매우 단순하고 통일된 존재이다. 산은 곧 산이요, 물은 곧 물이다. 우리가 눈으로 바라보는 모든 것, 귀로 듣는 모든 것은 진실한 세계다. 인생의 첫 번째 단계에서는 세계가 아름다운 규칙에 따라 끊임없이 돌아가며, 스스로 이런 규칙을 잘 알고 있다고 생각한다.

인생의 두 번째 단계에서는 "산은 산이 아니요, 물은 물이 아니다". 사회생활을 하면서 점차 치기가 꺾이고 세상물정에 통하면 물욕이 넘쳐나는 사회에서 더 넓은 집, 더 비싼 차, 더 멋진 물건, 더 큰 권력 등등 너무 많은 것이 우리를 유혹한다는 사실을 느끼게 된다. 우리는 너 나 할 것 없이 거짓된 가면을 쓰고, 세상에 너무 많은 규칙이 존재한다는 사실을 인식하게 된다. 이 단계에서는 누구나 바라보는 모든 것을 그대로 믿지 않으며, 어떤 것도 백 퍼센트 진실한 것은 아니라고 생각한다. 안개 속에서 꽃을 보는 것처럼, 진실 같기도 하고 환영 같기도 하여 진짜와 가짜를 구분할 수 없다. 그래서 현실과 환상 속에서 방향을 잃고 방황하며 괴로워한다. 혼탁한 현실에서 벗어나려고 발버둥치지만 결국 아무것도 할 수 없다. 두 번째 단계에서는 세계와 모든 사물에 의심을 품은 채 문제를 분석하고 사고하게 된다.

인생의 세 번째 단계에 이르면 "산은 여전히 산이요 물은 여전히 물이다". 겉으로 보면 첫 번째 단계와 세 번째 단계가 비슷한 것 같지만 본질적인 차이가 있다. 첫 번째 단계는 날것 그대로의 순수함이 있어서 아직 세상일을 잘 알지 못하고 모든 것이 흐리멍덩한 상태에 놓여 있다. 그러나 세 번째 단계는 세상을 통찰한 뒤 옛날에 순박했던 대로 되돌아가서 참된 것을 회복하는(反樸歸眞) 상태에 들어간 것이다. 이것은 모든 것을 명확히 이해하고 난 뒤 얻은 침착하고 여유로운 태도다. 말로 하기는 쉽지만 이런 경지에 드는 것은 결코 쉬운 일이 아니다. 인생 경험이 어느 정도 쌓이면 세상과 자기 자신에 대해 어느 정도 이해하게 되고, 진정 자신이 원하고 추구하는 것이 무엇이며 어떤 것을 포기해야 하는지도 알게 된다. 이때는 산은 여전히 산이요, 물은 여전히 물이다. 그러나 이때의 산과 물에 또 다른 함의가 있을 따름이다. 즉 사람은 본디 사람이니 일부러 사람 행세를 할 필요가 없고, 세상은 본디 세상에 불과하니 굳이 정력을 들여 세상에 녹아들려 할 필요가 없는 것이다. 이것이 진정한 처세이다.

현실에서는 대다수 사람들이 두 번째 단계에만 머물러 있다. 우리 마음속에는 강한 경쟁심과 이기고자 하는 마음, 즉 호승심이 있어서 높은 산을 보면 쉬지 않고 오르며 다른 사람과 다투면서 온갖 지혜를 짜낸다. 욕심이 끝이 없어서 언제까지고 만족할 줄 모른다. 어떤 사람들은 그 과정에서 인생의 가치를 실현하고 성공을 이룬다. 그러나 그보다 더 많은 사람들이 일생이 다하도록 자기의 이상에 이르지 못하고 아쉬움을 남긴 채 생을 마감한다. 그들은 죽을 때까지도 하늘 밖에 또 다른 하늘이 있다는 사실을 깨닫지 못한다. 우리 생명은 짧고 나약하다. 영원한 시간과 무한한 세계와 비교하면 우리는 너무나 미미한 존재이다. 인생의 두 번째 단계에만 머물러 있는 사람들은 대부분 물질적 즐거움을 추구한다. 그러나 어떤 욕망을 채우고 나면 또 다른 욕망이 일어나서 영원히 만족할 수 없다.

명나라 종실宗室 주재육朱載堉은 「산파양山坡羊」 '십부족十不足'에서 이처럼 끊임없이 욕망을 추구하는 인간에 대해 노래했다. "종일 주린 배 채우느라 바빴는데 배를 채운 후에는 옷 생각이 난다. 능라비단을 몸에 두르고 나서 고개를 드니 천장이 낮은 것이 눈에 들어와 크고 좋은 집(高臺廣室)을 지었는데 침대 머리에 아름다운 아내(妻)가 없구나."

앞서 우리는 욕망에 대해 여러 번 이야기했다. 욕망은 스스로 만족할 줄 모르기에 그것을 만족하려고 노력하는 과정에서 수많은 고난을 안겨주며, 심지어 남과 자기 자신을 다치게 만든다. 그러나 어떤 사람들은 물질적 기대치가 높지 않고 다만 지식이나 진리를 끊임없이 추구하며 사소한 문제에도 끝까지 매달린다. 굴원은 일찍이 이렇게 탄식했다. "길은 멀고 험한데 나는 위아래로 내가 찾고자 하는 것만 구하는구나." 옛날에도 적지 않은 사람들이 아침에 도를 들으면 저녁에 죽어도 여한이 없다고 맹세했다. 그러나 그들은 장자가 "내가 살아갈 날엔 끝이 있지만 지식에는 끝이 없다. 끝이 있는 것으로 끝이 없는 것을 추구하니 한없이 위태로운 일이다(吾生也有涯, 而知無涯, 以有涯隨無涯, 殆已)"라고 말한 경지는 깨닫지 못했을 것이다. 그들은 경전을 읽으며 인생이 완벽해지기를 꿈꾸었다. 또 어떤 사람들은 이상을 위해 몸을 바치면서도 원망하거나 후회

하지 않는다. 이런 인생은 숭고하며, 우리가 본받을 점도 충분하다. 하지만 여전히 두 번째 인생 단계에 머물러 있는 것이다.

또 다른 사람들은 종교나 수행을 통해 자신을 인생의 세 번째 단계로 끌어올린다. 이때는 산은 여전히 산이요, 물은 여전히 물이다. 이들은 자신이 하는 일에 몰입하며 절대로 남과 비교하지 않는다. 마음을 다스리고 욕심을 줄여 세상의 모든 것을 일소에 부친다. 바람이 부는 대로 몸을 맡기지만 홀로 우뚝 솟아 조금도 흔들리지 않는다.

사실 세상을 산다는 것은 자신의 가치관과 세계관을 드러내는 일이다. 서로 다른 가치관과 세계관은 우리 인생에 서로 다른 영향을 준다. 누구나 목숨은 하나뿐이고 마음도 하나뿐이다. 그러므로 자신의 목숨을 똑바로 보고 마음을 안정시킬 때 인생도 평화로워질 수 있다. 목숨을 똑바로 바라보는 것은 생명의 소중함을 알고 소박한 삶을 음미하라는 뜻이다. 마음을 안정시키는 것은 정신적 측면의 수양을 말한다. 또 소박한 삶이란 가장 자연스러운 인생의 표현 방식이며, 정신적 욕망의 구현이다. 이렇게 삶의 본질로 돌아가야 안팎의 삶이 원만해지며 생명의 가치도 점점 높아진다.

우리는 갈수록 빨라지는 시대에 살고 있다. 일과 삶의 긴박한 리듬이 주는 스트레스는 점점 더 커지고 심신에 많은 문제를 유발한다. 그렇다면 도대체 어떻게 해야 즐거운 삶을 살아갈 수 있을까? 중국의 저명한 심리학자 저우궈펑周国峰은 이런 해결책을 내놓았다. "앞으로 영원히 얻을 가망이 없는 명예나 이익을 추구하지 말고 마음을 내려놓아라. 이것은 바깥 세계에서 내부의 정신세계로 방향을 트는 것을 의미한다." 확실히 그렇다. 마음이 균형을 잃는 것은 대부분 탐욕이 너무 크기 때문이다. 결과를 예상하지 않고 원래 자기 것이 아닌 것을 추구하면 마음이 균형을 잃는다. 분에 넘치는 공명과 이익을 추구하는 사람은 겉으로는 성공한 것처럼 보이지만 그들의 웃음 뒤에는 우리가 보지 못하는 눈물이 숨어 있을 것이다. 서로 속고 속이는 관계에 놓여 있기 때문에 아무리 친한 친구라도 믿을 수 없고, 따라서 영원히 불안한 상태에 처해 있을 수밖에 없다. 친구를 잃고 가정을 잃으면 행복을 잃는 것이라는 사실을 알아야 한다. 우리가 추구하려던 것이 바로 진정한 행복이었는데도 말이다.

자신의 본래 자리로 돌아가라. 그래야 즐거운 삶을 살 수 있다. 자기 것이 아닌 것에 속박되지 말고 공허한 유혹에 빠져들지 마라. 공중누각이 제아무리 화려해도 충실한 삶을 사는 것에는 비할 수 없다. 물론 본질로 돌아가는 것이 진취적으로 생각하지 말라는 뜻은 아니다. 아시아 제일 갑부 리자청은 젊어서부터 온갖 고난을 겪고 닥치는 대로 일했다. 그런 경험이 쌓여 오늘날과 같은 부를 이룰 수 있었던 것이다. 작은 한 걸음이 쌓이지 않으면 천 리를 갈 수 없다. 우리가 부러워하는 사람들도 사실은 남모르게 끊임없이 노력해야만 했다는 사실을 기억하라.

수많은 스트레스는 아무런 의미 없는 근심과 걱정에서 비롯된다. 살면서 얻는 번뇌도 스트레스와 마찬가지로 헛된 것이다. 적지 않은 번뇌는 우리가 자신을 제대로 평가하지 않고 자기 능력과 조건이 현재 상황과 어울리는지 판단할 수 없기 때문에 생긴다. 공연히 이상만 높아서 허세를 부리면 즐거운 삶을 살 수 없다. 자신의 즐거움이 아니라 남과 비교해서 얻는 즐거움을 추구하는 것이기 때문이다. 이때 우리에게 필요한 것이 바로 "만족함을 알면 언제나 즐겁다(知足常樂)"라는 가르침이다. 소박한 삶의 본질로 돌아가 정신적 해탈을 얻으면 현실 세계와 내면세계에 자연스럽게 적응할 수 있을 것이다.

4부

자유는 지금 바로
누려야 하는 것

도가의 자연 수업

인생의 과정은 늘 순탄할 수만은 없다. 고요해 보이는 호수도 미풍이
불면 물결이 인다. 잠잠한 밤하늘에는 이따금 유성이 스쳐 지나간다.
꽃이 가득한 정원에도 잡초는 자란다. 우리 일생에서도 갖가지 문제
는 생겨난다. 그러나 어려움이란 언젠가는 지나가게 되어 있다. 어떤
어려움도 우리 앞길을 막을 수 없다는 사실을 알아야 한다.

책의 멋,
독서의 맛

노자는 『도덕경』에 이렇게 썼다. "고래부터 이어진 규율을 잘 알아야 오늘날 우리 주위에서 일어나는 모든 일을 이해하는 데 사용할 수 있고, 고금을 통틀어 모르는 것이 없으면 오랜 세월이 흘러도 모든 것을 통찰할 수 있다(執古之道, 以御今之有, 能知古始, 是謂道紀)."

기紀란 고대의 기율을 말하는데, 여기서 파생한 의미로 '규율'이 있다.

우리의 경험은 풍부하지 않고, 모든 사람을 다 이해할 수 없다. 그러므로 선인의 해결 방식을 배워야 현재의 자신을 돕는 데 쓸 수 있다. 대부분의 사람들은 홀로 세상을 살아가며, 미래를 위해 힘들게 자신이 맡은 역할을 해나간다. 과거의 경험으로 자신을 도우려고 해도 보통은 경험이 단편적이고 독서관도 치우쳐 있다.

독서는 정신을 도야하고 마음을 닦을 수 있다. 독서는 또한 우리를 빛나게 하고 지혜를 늘려준다. 인간이 성장하는 것은 나무가 자라는 것과 비슷하다. 나무는 생장 과정에서 가지가 많아지면 줄기로 가는 영양이 줄어들고, 인간은 성장 과정에서 여러 잘못된 습관 때문에 성장에 영향을 받는다. 나무에 가지치기를 해주어야 하듯 우리의 내면세계도 끊임없는 정리와 관리가 필요하다. 그래야 좀 더 좋은 방향으로 나아갈 수 있다. 독서는 바로 이런 과정이다. 책 속의 지식을 경험과 결합하고, 이론과 실천을 한데 묶으면 내면을 아름답게 갈고닦을 수 있다. 독서가 정신을 도야하는 것은 운동으로 질병을 치료하는 것과 같다. 그러므로 알맞은 독서는 심리적인 병폐를 치료할 수 있게 도와준다. 예를 들어 성격이 덜렁대고 흐리멍덩한 사람은 수학을 공부하는 것이 좋다. 순간적인 부주의 때문에 애써 기울인 노력이 수포로 돌아가는 것을 막아준다. 또 논리적 사고력이 부족한 사람은 철학을 공부하는 것이 좋다. 논리 정연한 분석으로 일의 맥락을 이해하고 사유를 통해 일의 실마리를 찾을 수 있다. 한편 일처리가 명확하지 않고 말에 두서가 없으며 빈틈이 많은 사람은 글쓰기를 공부하는 것이 좋다. 어떤 일의 발전 단계를 통해 추리 능력을 강화할 수 있다. 이렇듯 책 속에 보물이 있다고 한 옛사람들의 말은 틀리지 않다.

독서를 통해 우리는 자신의 부족함을 알고 경계하며 선인의 지혜로 자신의 결점을 해결할 방법을 찾을 수 있다. 하나를 미루어 열을 알 수 있기 때문이다. 독서를 하면서 우리는 진실한 세계를 이해할 수 있다. 과거의 유치하거나 부정확한 사고를 버리고 더욱 큰 도를 향해 나아갈 수 있다. 독서를 통해 우리는 사건의 본질을 이해하고 사물의 표상을 새로이 인식하며, 표상으로 본질을 파악해 말 한마디로 급소를 찌르는 날카로운 견해를 갖출 수도 있다. 독서를 통해 우리는 존재의 진리를 이해하며, 더 이상 모호한 개념에 휩쓸리지 않고 눈앞에 드리워진 베일을 걷어낼 수 있다. 독서를 하면서 우리는 사상을 확장하고 서로 다른 문화와 지식을 융합해 이제껏 닿지 못했던 단계로 나아갈 수 있다.

사람은 독서를 하며 행복을 느낀다. 모두들 좋은 책을 읽고 어려운 문제를 해결했을 때 흥분해서 환호한 경험이 있을 것이다. 이것이 바로 독서가 주는 행복이다. 막심 고리키Maxim

Gorky는 "독서는 나를 행복한 인간으로 만들어준다"고 말했다. 우리는 외부 세계에서 오는 여러 자극을 받으며 신선한 쾌락을 느낀다. 독서는 그중에서도 인류에게 가장 순결한 형태의 행복을 선물한다.

근대의 중국 시인 원이두어聞一多가 결혼식을 치렀을 때의 일이다. 결혼식을 준비하느라 집안이 무척 떠들썩했다. 여기저기 초롱과 오색천을 달았고, 하인들은 집 안을 분주히 오갔다. 신부가 탄 꽃가마가 도착하자 모두들 새신랑을 찾았다. 그런데 나중에 보니 신랑은 여전히 낡은 옷을 입고 홀로 방 안에 앉아 책을 읽고 있었다. 책 속의 한 자 한 자가 이제 막 시집오려는 아내보다 훨씬 더 아름답다는 듯한 태도였다.

영국의 저명한 작가 로저 애스컴Roger Ascham은 『교사론(The School Master)』이라는 책에 감동적인 이야기를 썼다. 그가 마지막으로 레이디 제인 그레이Lady Jane Grey를 알현했을 때였다. 마침 제인 그레이는 책 한 권을 들고 창틀에 앉아 있었다. 고대 그리스 철학자 플라톤이 쓴 책이었다. 제인 그레이의 부모는 그 시각에 화원에서 즐기고 있었다. 사람들이 기쁨에 겨워 지르는 환호성, 말발굽 소리, 셰퍼드가 짖는 소리가 귀로 쏟아져 들어왔다. 작가는 그녀가 창밖의 소란에 조금도 흔들리지 않는 것을 보고 감탄해 마지않았다. 그녀는 조용히 말했다. "저들이 화원에서 누리는 즐거움은 내가 플라톤의 책에서 얻는 즐거움에 비할 수 없어요."

원이두어와 제인 그레이의 즐거움은 그야말로 순수한 형태의 만족감이고 기쁨이다. 이 모든 것이 독서를 통해 얻을 수 있는 것이다.

독서는 사람의 정신을 깨치고 시야를 넓히는 동시에 사상을 풍부하게 만들어준다. 우리는 모두 물질적 삶을 추구하는 동시에 정신적 삶에 대한 추구도 포기하지 않는다. 생물학적 사슬의 정점에 선 존재로서, 인류는 유일하게 물질 외에 정신적 자양분이 필요한 동물일 것이다. 독서는 바로 정신적 에너지의 근원이다. 인터넷에서 이런 글을 본 적이 있다. 어떤 사람이 목동에게 꿈이 뭐냐고 물었다. 목동은 조금도 머뭇거리지 않고 내뱉었다. "돈을 버는 거예요." "돈을 벌어서 뭘 하고 싶은데요?" "부인을 얻죠." "부인을 얻은 다음엔 뭘 할 건데요?" "아이를 낳죠." "그다음에는요?" "아이를 낳아서 아이한테 소를 치라고 하죠." 이런 단순한 순환은 생명이 지닌 절반의 가치, 즉 생존과 종족 번식에만 충실한 것이다. 인간 생명의 또 다른 절반의 가치는 아마도 그보다 더 중요할 것이다. 그것은 바로 정신 영역 탐구이다.

마르크스는 일찍이 인간에 대해 이런 정의를 내렸다. "인간은 모든 생산 관계의 총화다." 사람과 사람이 처음 사귈 때는 물질적인 교환이 이루어진다. 그러나 좀 더 깊은 관계로 들어가고자 한다면 정신적인 교류와 소통이 필요해진다. 나이가 아직 어려 생각이 열리지 않았을 때는 먹는 것이 가장 중요하다고 느낀다. 그러나 성인이 되어 사회로 나가면 사상적 만족이 가장 중요하다는 점을 발견하게 된다. 편지, 대화, 우정, 사랑 같은 것은 모두 정신적 소통이다. 정신세계가 더욱 넓어지면 우리는 문명을 소리 높여 부르며, 자유를 위해 투쟁하고, 이상을 위해 헌신하며, 꿈을 이루기 위해 노력한다.

우리가 알고 있는 상식, 예술, 문화, 과학 등을 담은 최초의 매개물은 바로 책이다. 조금도 과장하지 않고 말하지만, 책은 인류 진보의 계단이다. 이 모든 것을 기록한 책이 없다면 우리는 백지와 같을 것이고, 세계에 대해 어떠한 것도 알지 못할 것이다. 아인슈타인의 『상대성 이론』을 읽으면 우주의 신비를 이해하게 되고, 니콜라이 오스트로프스키 Nikolai Ostrovskii의 『강철은 어떻게 단련되었는가』를 읽으면 운명과 싸우는 열정과 투쟁 정신을 받아들일 수 있다. 『서유기西遊記』를 읽으면 상상의 날개가 펼쳐지는 독특한 여행을 경험할 수 있고, 『서하객유기徐霞客游记』를 읽으면서 중국의 지리를 이해하며, 『춘희』를 읽으면서 인간 본성의 허구와 진정한 사랑을 깨우치게 된다. 독서는 실로 우리의 정신세계를 한층 아름답게 만들어준다.

그런가 하면 독서는 우리의 운명을 바꿔놓기도 한다. 우리가 저마다의 운명에 짓눌려 괴로워할 때 독서는 또 다른 에너지가 되어준다. 대부분의 사람들은 세계 최고 갑부인 빌 게이츠가 대학도 졸업하지 못했다는 사실을 알고 있다. 어떤 이는 그의 성공이 단지 일시적인 행운 때문이 아니냐고 의심하기도 한다. 그저 시대의 흐름 덕분이라는 것이다. 그러나 사실 빌 게이츠는 엄청난 다독가였다. 아홉 살에 이미 당시 나온 백과사전을 모두 읽었고, 나중에는 천문학, 지리학, 역사학 등 수많은 분야에서 상당한 수준에 이르렀다. 소프트웨어 사업을 하는 수십 년 동안 그가 본 책이 수를 헤아릴 수 없다는 사실은 언급할 필요도 없을 것이다. 한 사람의 성공은 우연이 아니라, 온갖 지식이 누적된 결과이다.

세계적 갑부였던 손정의는 현재 자산이 조금 줄어들었지만 여전히 아시아에서 손가락에 꼽히는 거부다. 그도 마찬가지로 학식이 풍부하고 재능이 넘치는 사람이다. 스물세 살 되던 해에 손정의는 간질환을 앓았다. 그런데 투병 생활을 하던 2년 동안 무려 4,000권이 넘는 책을 읽었고 그 안에 담긴 정수를 자신의 경험과 결합할 수 있었다. 그 뒤 손정의는 마흔 종이 넘는 산업의 발전 가능 방안을 작성했고, 이를 토대로 자신에게 적합한 창업 루트를 만들었다.

어떤 사람들은 이렇게 물을 법하다. 그렇게 오래 책을 읽었는데도 아무런 도움이 안 되었는데 도대체 왜 책을 읽어야 하는 것일까? 그러나 사실은 그렇지 않다. 독서량의 많고 적음은 일부분일 뿐이다. 더 중요한 것은 어떻게 책을 읽느냐 하는 것이다. 즉 정확한 독서 방법을 알아야 한다.

책 속에 보물이 있다고들 말한다. 그러나 어떤 책이 읽기 좋고 어떤 책이 도움이 되는가, 어떤 책이 보기에 좋지 않고 왜 좋지 않은 영향을 주는가를 명확히 이해해야 한다. 옛말에 젊을 때는 『수호지』를 읽어서는 안 되고, 나이 들어서는 『삼국지』를 읽지 말라고 했다. 젊은 시절에는 혈기가 넘쳐 쉽게 충동적이 된다. 이때 『수호지』를 읽으면 쉽게 감정이입이 되고 우상 심리가 작동해 그 안에 나온 영웅호걸을 모방하게 된다. 이것은 간혹 좋지 않은 행동으로 이어질 수 있다. 반면 어느 정도 나이가 들면 세상물정을 잘 알게 된다. 이때 『삼국지』를 읽으면 그 안의 기궤한 모략과 술수를 더 깊이 이해할 수 있고, 잘못하면 마음이 더 어두워질 수 있다. 그러므로 언제나 자신에게 맞고 도움이 되는 책을 골라 읽어야 한다.

독서를 할 때는 취사선택이 필요하다. 모든 책을 정독해야 하는 것은 아니며, 모든 책이 우리의 의문을 해소시켜주는 것도 아니다. 어떤 책은 살짝 맛만 보는 것으로 족하고, 어떤 책은 기계적으로 단순하게 받아들여도 된다. 내가 보기에 책은 두 종류로 나눌 수 있다. 첫째는 정보를 전달하는 딱딱한 책이다. 우리에게 본질적인 도움을 주고 우리가 맞부딪친 문제에 구체적인 해결 방법이나 사고방식을 제공해준다. 둘째는 스토리가 있는 부드러운 책이다. 부드러운 책은 주로 시간을 보내는 용도로 읽힌다. 딱딱한 책은 잘게 부수어 씹고 삼켜야 한다. 자세히 읽어야 그 안에 담긴 생각을 이해하고 문제 해결 방법을 알 수 있으며, 책 안에 축적된 지식을 현실에서 마음껏 응용할 수 있다. 부드러운 책은 대충 넘겨보아도 무방하며, 한 자 한 자 이해할 필요가 없다. 다른 사람에게 대신 읽혀도 된다. 오직 핵심만 알면 된다. 당연히 이런 방법은 그다지 중요하지 않거나 가치가 높지 않은 책에 적합하다.

책을 읽을 때는 오직 책만 믿어서는 안 된다. 옛말이 맞다. "책만 믿는 것은 책을 읽지 않은 것보다 못하다." 모든 사람은 저마다 다르다. 각자의 생각도 차이가 있다. 사물은 다양하고, 이로 인해 세계는 다채로워진다. 사람의 생각도 마찬가지다. 모두의 생각이 다르기 때문에 각종 사상이 하나로 융합되어 불꽃이 일어난다. 책 속에 쓰인 사상을 인정하되 맹목적으로 따라서는 안 된다. 그 안에서 유용한 것을 골라야 한다. 사상의 동일화는 좋은 일이 아니다. 우리는 독립적 사상을 고수하고 냉정하게 문제를 사고해야 한다.

독서의 중요함은 양의 많고 적음에 있는 것이 아니라 어떤 책을 얼마나 깊이 이해하고 마스터했는지에 달려 있다. 우리가 현실에서 마주치는 문제와 책 속에 묘사된 광경은 다르기 마련이다. 서로 다른 상황에서는 그에 맞는 임기응변이 필요하다. 책 속의 지식만 고집스럽게 붙들고 있으면 안 된다. 지식과 현실을 잘 결합해야 의미가 있는 것이다. 그래야 현실을 살아가는 동력이 된다. 그렇지 않으면 책은 그저 백지 위에 덮인 무수한 검은 얼룩에 불과해 우리를 도울 수 없다.

독서는 개개인에게 매우 중요하고 특별한 의미가 있다. 좋은 책을 골라 잘 읽으면 일상과 직장 생활과 배움에 도움이 된다. 그래서 영화 〈일대종사〉에도 이런 대사가 있다. "늘 머릿속으로 생각하고 잊지 않으면 반드시 보답이 있을 것이다."

나를 위로할 단 하나,
친구

　　인간은 사회라는 울타리 안에서 살아간다. 인간은 고립된 개체가 아니다. 우리는 매일 각양각색의 사람들을 만나고, 그 과정에서 남을 돕거나 도움을 받기도 한다. "울타리 하나도 말뚝 세 개가 받쳐야 서고, 영웅호걸이라도 돕는 이가 셋이다." "갓바치 세 명이 제갈량을 이긴다." 이것만 보아도 친구를 사귀는 것이 얼마나 중요한지 어렵지 않게 이해할 수 있다.

　친구는 차 한 잔과 같아서 맑고 담백하지만 입술 사이에서 향기를 머금고 오래도록 맴돈다. 친구는 봄바람과 같아서 가볍고 부드럽지만 마음속 번뇌와 상처를 어루만져준다. 친구는 술과 같아서 독하고 강렬하지만 가장 추운 날 우리 마음을 따뜻하게 데워준다. 친구는 보슬비와 같아서 서늘하게 스며들지만 막막해진 우리 마음 밭을 부드럽게 적신다. 또한 친구는 또 다른 의미의 연인처럼 항상 연락하지 않아도 서로를 끌어당긴다.

친구라는 말에 담긴 의미는 매우 넓다. 옛말에 천 명의 눈동자에는 천 명의 햄릿이 있다고 했다. 모든 사람의 마음속에는 친구에 대한 특별한 정의가 있다. 서로 다른 사람의 생각은 서로 다른 친구의 형상을 그려낸다. 내가 막 사회에 나갔을 때 어떤 노인이 이렇게 말했다. "사람이 세상을 살다 보면 부모가 없을 수는 있지만 친구가 없어서는 안 되네. 재주가 없을 수는 있지만 인품이 없어서는 안 되네."

현대 과학기술의 발달로 우리는 현실에서든 사이버 세계에서든 친구를 사귈 수 있다. 새로 사귄 친구든 오래된 친구든, 그들은 우리가 존경하고 아껴야 할 대상이다. 옛사람은 "배움에 있어 친구를 사귀지 않으면 학문이 얕고 견문이 좁아진다"고 했고, 또 어떤 이는 "친구를 사귀는 것은 몸과 마음에 유익한 일이다. 모두들 최선을 다해 새로운 친구를 사귀며 오랜 친구를 잊지 않아야 한다. 친구는 우리 삶의 영역을 확장할 수 있도록 도와주고 우리 자신과 이 세계를 더 잘 이해할 수 있게 해준다"고 했다.

친구는 마주침이다. 길고 긴 인생의 여정, 아득한 바다 같은 수많은 사람 속에서 두 사람이 함께 걸어간다. 첫 번째 만남에서 서로를 알고 이해하게 되며, 점차 서로를 향해 가까워지고 함께 인생의 여정을 걸어간다는 것은 실로 소중한 인연이 아닐 수 없다. 사실 이것은 인생의 동반자와 함께하는 감정과 어느 정도 비슷하다. 낯선 두 사람이 오가고 헤어지고 만나는 과정에서 서로 다른 삶의 궤적에 놓여 있던 두 사람이 우연히 만나니 어찌 행운이 아니겠는가. 사람과 사람 사이의 인연이란 그야말로 신비하고 알 수 없는 것이다. 친구라는 인연도 언제나 만날 수 있는 것은 아니다. 그러므로 당신에게 친구가 있다면 마땅히 감사하고 그 관계를 소중히 여길 줄 알아야 한다.

친구란 일종의 만남이다. 우리와 친구 사이의 사귐에는 상호 인정이라는 기초가 깔려 있다. 그 혹은 그녀는 완벽할 수 없다. 서로 갈등이 있을 수도 있다. 그러나 그런 과정에서 친구에게 좋은 점을 발견할 수 있다. 그것만으로 충분하다. 그 혹은 그녀의 장점은 우리의 뇌리에 오롯이 남아 있다. 아주 사소한 장점이라 할지라도 긍정적인 에너지가 되며, 그것만으로도 소중히 여기고 간직해야 할 가치는 충분하다. 두 사람의 성격, 지혜, 지식, 능력은 자석의 양 극단처럼 늘 서로 의지하며 끌어당긴다. 친구 관계란 만남의 과정이고, 가슴 설레는 해후이다.

친구란 일종의 비밀 계약이다. 친구 관계가 한 걸음씩 깊은 단계로 나아가는 것은 두 사람의 정신적 감응이라고 할 수 있다. 서로 말하지 않아도 마음으로 이해하는 비밀스러운 계약이 심화되는 과정인 것이다. 상대방의 일거수일투족, 눈빛, 뒷모습, 눈썹을 살짝 추켜세우는 모습만으로도 당신은 그의 모든 것을 이해할 수 있다. 사귐이 깊어지면 두 사람 사이에는 많은 말이 필요치 않게 된다. 마음과 마음이 통하는 비밀 계약은 우리가 겪는 부정적 감정을 푸는 데 도움을 준다. 그것은 가장 따뜻하고 가장 편안하고 가장 기분 좋고 가장 아름다운 위안이다.

친구란 일종의 동행이다. 우리는 우리 앞에 놓인 길에서 많은 사람을 만나고 많은 일을 경험하게 된다. 그러나 친구는 언제나 우리 곁에 있다. 친구는 단지 한 사람일 수 없다. 어떤 친구가 다가오면 어떤 친구는 떠나간다. 그러나 어찌되었든 친구라는 역할은 언제나 사람을 바꾸어 우리 주변을 맴돈다. 친구의 보살핌과 동행은 마음이 울적할 때 우리를 달래주는 부드러운 음성이 되며, 적막함을 깨뜨리는 활기찬 웃음이 되어준다. 상대방이 주의 깊게 다른 상대의 말을 들어줄 때 서로의 감정은 더욱 깊고 두터워진다.

친구란 서로 돕는 것이다. 인생은 험난하다. 우리는 살면서 수많은 난관에 부딪치고 수많은 번뇌에 휩싸여 괴로워한다. 그러나 친구가 있다면 그곳이 어디든 비와 바람을 피해 의지할 곳을 찾을 수 있다. 친구는 괴로움을 덜고 고통을 없애준다. 친구의 도움은 영혼을 움직이는 에너지다. 돈으로 살 수 없고 다른 사람이 강요할 수도 없다. 진심을 통해서만 얻을 수 있는 것이 친구의 우정이다. 이것이야말로 친구 사이에 누릴 수 있는 가장 고귀한 감정이다. 친구는 어려움이 있을 때 생각나는 사람이 아니라 어려움을 겪고 있을 때 최선을 다해 당신을 돕는 사람이다.

친구란 일종의 그리움과 같다. 친구 사이의 관심은 미지근한 차와 같다. 그러나 그 향기로움으로 몸과 마음이 편안해진다. 바쁘게 살다 보면 어느 순간 친구를 소홀히 하고 오랫동안 연락이 뜸하게 된다. 그러나 그럴지라도 친구 사이에는 서로를 향한 관심과 애정을 똑똑히 느낄 수 있다. 혹시라도 누군가에게 어떤 일이 생기면 다른 한쪽이 반드시 구원의 손길을 내밀어줄 것이라는 믿음이 있는 것이다. 친구 사이의 그리움은 마르지 않는 강물과 같고 부드러운 구름을 닮았다. 그것은 어렴풋이 울리는 마음의 공명이다.

친구란 밝은 빛이다. 우리와 친구의 관계는 밤하늘에 빛나는 별과 달이다. 서로 상대방의 빛을 빌려 반짝이기 때문이다. 매일 만날 수 없고 시종 그리워할 수는 없지만, 두 사람 사이에 영원한 믿음이 있다는 것만은 확실하다. 친구란 지기知己다. 친구 사이의 어울림은 일부러 꾸미거나 참고 견딜 필요가 없는 것이다. 멀리서 서로를 바라보는 것이 반드시 나쁜 것만은 아니다. 유성은 순식간에 지나가 버리지만 우리가 가슴으로 빈 아름다운 소원이 내면에서 오래도록 밝게 빛나듯이.

정기적으로 독과 같은 친구를 정리하는 것 말고 친구와 우정을 유지할 수 있는 방법은 무엇일까?

첫째, 아무렇게나 승낙하지 마라. 적지 않은 사람들이 허풍을 떨고 자기 능력을 과장하는 것을 좋아한다. 그럼으로써 타인의 마음속에 있는 자신의 지위를 끌어올리려 한다. 이것은 단기적으로는 효과가 있을지 몰라도 친구가 어려움에 당해 당신에게 도움을 구할 때는 괴로워진다. 승낙은 해도 자기 능력이 부족해 도와줄 수 없게 된다. 만약 거절하면 친구는 당신이 진심으로 자신을 대하지 않고 오히려 업신여긴다고 생각할 것이다. 쉽게 승낙하거나 자기 자신을 과대포장하지 마라. 이것은 스스로에 대한 책임일 뿐 아니라, 한편으로 당신의 친구에게 당신과 어떤 식으로 교제해야 하는지 알도록 만들어주는 방법이다.

둘째, 특별한 일이 없어도 오랜 벗과 자주 연락해라. 상품도 사후 서비스가 필요하듯, 우정도 유지하려는 노력이 필요하다. 경영학에 이런 이야기가 있다. 새로운 고객을 발굴할 때 드는 원가는 단골을 유지할 때 드는 원가의 세 배라고 한다. 우리가 타인과 교제하는 것도 실은 일종의 자기 경영이다. 오랜 벗과 자주 연락하는 것은 감정적 필요에 따른 행동일 뿐 아니라 한편으로는 감정적 투자이기도 하다.

셋째, 미래를 이야기하고 현재를 바라보라. 친구와 이야기할 때 미래에 대한 생각을 이야기해보라. 또 당신이 현재 무엇을 하고 있는지 말하라. 어떻게 하면 미래를 위한 기초를 다질 수 있는지 말하라. 이런 것은 모두 정상적인 친구 사이의 대화 주제다. 친구는 당신을 이해하고 당신에게 좋은 길을 충분히 인지할 수 있을 것이다.

넷째, 상대방을 존중하고 완벽하게 자신을 이해시키려 하거나 모든 것을 알려고 들지 마라. 모든 사람에겐 비밀이 있다. 자신의 일을 다른 사람이 모두 알기를 바라지 않는다. 군자의 사귐은 물처럼 담백하다고 했다. 이 말은 감정 소모를 줄이라는 것이 아니다. 교제 과정에서 적당한 거리를 유지하고 적절한 자리를 차지하라는 뜻이다. 두 사람이 인사를 나눌 때 가장 적당한 거리는 1.3미터라고 한다. 그보다 사이가 떨어지면 멀게 느껴지고 그보다 가까우면 어색함을 느낀다. 친구와 사귀는 데도 적당한 거리가 중요하다.

다섯째, 이전에 그다지 좋아하지 않았던 사람을 만나라. 모든 사람에게는 장점이 있고 배울 점이 있다. 이전에 좋아하지 않았던 사람이라고 해서 지금도 그렇다고 단언할 수는 없다. 모든 사람은 성장하고, 성격과 심리도 시간의 흐름에 따라 변한다. 이전에 좋아하지 않았던 사람을 만나라. 아마도 그전에는 결코 발견하지 못한 것을 기쁜 마음으로 발견하게 될 것이다.

친구는 평생을 간다. 그러나 작은 일 하나로 모르는 사이처럼 되어 원래의 감정을 회복하지 못할 수도 있는 관계다. 우정은 우리에게 엄청난 영향을 주고, 좋거나 그렇지 않은 방향으로 발전하도록 이끈다. 친구를 사귀는 것도 우리에게 주어진 일이고, 동시에 일종의 예술이다.

나 자신을
안다는 것

사회에 첫발을 내딛기 전 누군가 이렇게 말하는 소리를 들었을 것이다. "사회는 타락의 온상이다." 처음에는 이런 말에 신경조차 쓰지 않겠지만 많은 일을 경험하고 많은 길을 걷다 보면 어느 새 관점이 달라지기 마련이다. 그러다 어느 날 문득 조용히 생각에 잠길 때면 언제부터인가 자신이 달라졌고 자신의 진실한 모습을 잊어버렸다는 사실을 깨닫게 된다.

노자는 말했다. "지혜로운 자는 다른 사람을 알고 이해할 수 있다. 그러나 총명한 자는 자신을 알고 이해할 수 있다. 그러므로 남을 이기는 것보다 자신의 약점을 이겨낼 수 있는 사람이 진정한 강자이다(知人者智, 自知者明, 胜人者有力, 自胜者强)." 이 말에서 우리는 노자가 '자신을 아는 것'을 얼마나 중시했는지 어렵지 않게 알 수 있다.

자신을 아는 것은 자신의 내면세계가 무엇을 생각하고 있는지 이해하는 것이다. 성격은 어떤가, 장단점은 무엇인가, 처세에 부족한 점은 없는가, 앞으로 발전할 여지는 얼마나 있는가, 잠재력은 얼마나 큰가 등이다. 이런 문제는 쉽게 답할 수 있는 게 아니다. 심지어 평생 동안 파고들어야 할 문제도 있다.

역사를 되짚어보면 동서고금의 서로 다른 문명에서 '자신을 아는 것'의 중요성을 강조한 기록을 찾아볼 수 있다. '네 자신을 알라'는 델포이의 아폴론 신전 현관 기둥에 새겨진 격언이었다. 이 오랜 격언의 계시를 받아 철학자 소크라테스도 영혼을 이해하는 것은 당신의 성품을 아는 것이라는 이론을 펼쳤다.

소크라테스는 인간의 정신 영역에 관한 철학에 대해 이렇게 말했다. "행복, 진리, 미덕 등 고상한 가치를 추구하는 본질은 겉으로 드러난 물질을 중시하는 것이 아니라 자신의 마음을 개조하는 데 관심을 두는 것이다."

노자는 도가의 이론을 알리는 동시에 후덕재물厚德载物(덕을 쌓아 만물을 포용한다), **자강불식**自强不息(스스로 힘쓰고 쉬지 않는다) 같은 정신적 가르침을 남겼다. 한편 『논어』에는 다음과 같은 글이 있다. 공자의 제자 증삼이 배우는 것을 좋아해 공자의 사랑을 받았는데, 다른 사람들이 그에게 어떻게 그렇게 배움이 빠르냐고 물었다.

그러자 증자는 이렇게 답했다. "나는 날마다 나에 대해 세 가지를 살핀다. 다른 사람을 위해 하는 일에 전심전력을 다했는가? 친구와 사귀는 데 최선을 다했는가? 남의 것을 익히는 데 부족함이 있었는가?"

자신을 아는 것은 자신을 바꾸는 데 필요한 전제 조건이다. 우리는 현재의 삶에 염증을 느끼고 반감을 가지곤 한다. 적어도 모든 사람은 현재의 상황을 바꾸고 싶어 한다. 이런 생각은 어느 순간 우리 머릿속에 찾아오는 불청객이다. 이것은 결코 우리의 야심이 커서가 아니라 아름다운 삶을 바라는 심리 때문이다. 세상 경험이 쌓이면 삶의 수준이 올라가고 시야와 지식도 변화한다. 그러면 현재의 상황을 바꾸고 싶어 하는 마음이 생긴다. 그러나 이것은 말만으로 이룰 수 있는 것이 아니다. 자신이 스스로 노력하고 자신의 두 손으로 직접 싸워서 만들어가야 한다. 그러므로 변화하고 싶다면 반드시 먼저 자신의 상태와 현재 상황이 어떤지를 알아야 한다. 그래야 구체적인 상황에서 문제를 분석하는 데 도움이 되고 앞으로 나아갈 방향을 정할 수 있다.

자신을 아는 것은 타인을 이해하는 길이기도 하다. 모든 사람은 독립된 개체이고, 모든 사람의 생각은 크든 작든 차이가 있다. 그러나 어떻게 변화하든 우리는 결국 도덕과 법률에 제약을 받는 정신세계에서 살아간다. 우리가 자신을 이해하고, 타인과 함께하는 과정에서 부족한 부분을 이해하며, 타인의 처지에서 문제를 고려하는 것은 타인을 이해하는 데 도움을 준다. 이런 비교를 통해 상대방에게는 있고 자신에게 부족한 것을 알 수 있고, 우리가 무엇을 잘하지 못했고 무엇을 잘했는지 알 수 있다. 이런 분석이 우리의 발전을 이끈다.

자신을 아는 것은 세계를 아는 것이다. 세계(大千世界)는 다채롭기 그지없다. 우리 각자는 모두 세계를 이루는 한 부분이다. 그러므로 한 사람의 개인(小我)을 알아야 공적 존재(大我)를 알고, 나아가 세계를 이해할 수 있다. 자신을 아는 것은 인문사상과 밀접히 관련되어 있고, 철학적인 면에서도 중요한 의미가 있다. 소크라테스는 앎의 중요성을 강조했다. 그는 인간이라면 지식이 있어야 하고 또한 지혜가 있어야 한다고 생각했다. 그래야 무엇이 '선'인지 알 수 있다는 것이다. 반면 그는 무지야말로 모든 죄악의 근원이라고 여겼다. 그에 따르면 인간의 고귀한 정신은 도덕과 지식의 합일이다. 도덕 행위는 지식을 기초로 삼아야 하며, 최고의 지식은 바로 '선'이라는 개념을 아는 것이다.

저명한 물리학자 스티븐 호킹Stephen Hawking은 온몸이 마비되었다. 그가 움직일 수 있는 것이라고는 손가락 두 개밖에 없고 심지어 말도 할 수 없었다. 그러나 호킹은 포기하지 않았다. 이 것은 그가 "나는 움직일 수 있는 손가락이 있고 생각할 수 있는 머리가 있으며, 이루기 위해 노력할 목표와 감사하는 마음이 있다"라는 사실을 분명히 알았기 때문이다. 호킹은 자신의 불행을 담담히 받아들였고 불행 속에서도 자신을 똑똑히 파악하고 자신감을 가질 수 있었다. 그럼으로써 그는 더욱 아름답게 빛나는 사람이 되었다.

자신을 알려면 몇 가지 필요한 것이 있다. 첫째, 용기 있게 책임을 져야 한다. 자신에게 책임을 지면 소아를 이루는 데 도움이 된다. 또한 다른 사람을 대신해 책임을 지는 것은 자신을 극복하고 대아를 이룰 수 있게 돕는다. 어느 정도 성취를 이룬 사람은 종종 더 많은 책임을 어깨에 지게 된다. 그때는 그런 책임을 떠안을 수 있는 용기가 필요하다. 용기 있게 책임을 떠안는 것은 용기 있게 자신을 비평하고, 굴욕을 참고,

다른 사람을 위해 불의에 분개한다는 것을 뜻한다. 권력을 쥐고도 책임을 지려 하지 않는 사람은 오직 어떻게 하면 자신의 욕심을 채울 수 있는지만 고민한다. 이는 권력에 따르는 의무를 저버리는 것이며, 동시에 자기 자신을 정확히 알지 못하는 것이다. 어느 날 그들이 진정으로 지고무상至高無上한 자리에 올랐을 때 진정으로 그것을 받아들일 수 있을까? 진정으로 그 자리를 감당할 수 있을까?

둘째, 자신을 알려면 용기 있게 자신을 부정해야 한다. 우리는 모두 실수를 저지른다. 문제가 해결되지 않고 임무를 완수하지 못했을 때는 자신을 보호하고 싶은 심리가 생긴다. 그래서 외부 요인에 책임을 떠넘기고 자신을 반성하지 않는다. 사실 어떤 상황에서든 용기 있게 자신을 부정하는 사람은 존경받을 가치가 있다. 제2차 세계대전 당시 일본과 독일 두 나라는 무수한 사람을 학살했다. 그러나 전쟁 이후 독일 총리는 사람들 앞에 무릎을 꿇었고 일본 수상은 허리를 굽혔다. 이 작은 차이는 너무나 다른 결과를 만들어냈다. 독일은 대국의 면모를 유감없이 드러내 용기 있게 잘못을 인정했고 세계인의 존중을 받았다. 그러나 일본은 사람들의 용서를 이끌어내지 못했다. 용기 있게 자신을 부정하는 것은 높은 교양 수준을 드러내는 것이며 우리가 사회에서 인정받을 수 있는 첫걸음이다.

셋째, 자신을 알려면 자기 능력이 얼마나 되는지 이해해야 한다. 한 걸음에 한 발자국이 찍히고 충분히 준비해야 조금씩 쓸 수 있는 법이다. 농촌에서는 "입이 큰 만큼 그만한 밥을 먹는다"라고 말하곤 한다. 이것이 뜻하는 바는 자신의 능력에 맞는 일을 해야 한다는 것이다. 이상만 높아서도, 너무 조급하게 이루려 해서도 안 된다. 첫술에 배부른 사람은 없다. 자신의 실력을 알고 그에 맞는 일을 해야 효율이 극대화된다. 모든 사람이 장군이 될 수 있는 것은 아니다. 그러나 우리가 일개 병사로서 본분을 다한다고 해서, 어찌 그것이 자신의 가치를 드러내는 일이 아니라고 말할 수 있겠는가? 언젠가는 우리 능력이 높아져서 더 높고 더 멀리 갈 수 있는 날이 올 것이다. 그때가 되면 오늘을 돌이켜보면서 조금의 망설임도 없이 자신에게 떳떳하게 고백할 수 있을 것이다. "이 모든 것은 내가 마땅히 얻어야 할 것들이다. 나는 성실하게 걸어왔고 한 방울 한 방울의 땀이 모여 오늘날의 성취를 이루어냈다"라고.

넷째, 자신을 알려면 열린 마음과 넓은 아량으로 다른 의견까지 경청해야 한다. 어떤 청춘이 완벽할 수 있겠는가, 또 어떤 청춘이 뜨겁지 않겠는가? 처음 사회에 나갈 때는 모두 뜨거운 피를 주체하지 못하고 가슴속에 배운 바를 실천하면서 자신만의 세상을 만들어가고 싶어 한다. 그러나 마지막까지 자신이 원하는 것을 이룬 사람은 어쨌든 소수에 불과하다. 사회와 상아탑은 다르다. 사회는 더 현실적이고 더 잔혹하다. 조금이라도 방심했다가는 모든 것이 헛수고로 돌아가고 만다. 그러므로 자신의 부족한 점을 알고 결점을 발견해야 한다. 옛말에 훈수 두는 사람이 판을 더 잘 본다고 했다. 어떤 상황에서는 자신을 아는 것이 더 어렵다. 이런 때는 다른 사람의 의견을 듣고 도움을 구해야 한다. 그런 말은 귀에 거슬릴지 모르지만 자신의 발전을 위해서 반드시 필요한 것이다. 그러므로 열린 사고와 넓은 아량은 자신을 아는 데 큰 도움이 된다.

다섯째, 자신을 알려면 판단력이 필요하다. 어떤 일은 시작한다고 해서 곧바로 결과를 알 수 있는 게 아니다. 일상적 경험이 쌓여야 어떤 일이 앞으로 어떻게 되어가는지, 최종 결과로 발생하는 것이 무엇인지 판단하는 데 도움이 된다. 이것은 판단 능력과 예상 능력을 필요로 하는 일이다. 정확한 분석력과 판단력은 미래를 계획하고 방향을 잡는 데 도움이 된다.

자신을 아는 것은 쉽지 않은 일이다. 어쩌면 일생이 다하도록 노력해야 하는 일이다. 그러나 이것은 동시에 매우 의미 있는 일이다. 자신의 새로운 점을 발견하는 일은 인생이라는 여정에서 얻는 커다란 진보다. 자신을 아는 것은 또한 행복한 일이다. 자신을 알면 자신을 바꾸는 데 도움이 된다. 그것은 미래를 바꾸는 일이기도 하다. 자신을 알아야 자신을 이기고, 마침내 당신 자신을 뛰어넘을 수 있다.

기회는 꾸준할 때
만난다

　　많은 사람이 중용의 도를 중시한다. "참으로 곧은 것은 굽은 듯 보이고, 참으로 뛰어난 것은 서툴러 보이며, 참으로 잘하는 말은 어눌한 것처럼 들린다(大直若屈, 大巧若拙, 大辯若訥)"는 노자 철학의 중요한 부분이다. 이 명제에서 노자는 곧음과 굽힘, 정교함과 투박함, 눌변과 달변을 비교함으로써 그것들이 통일된 관계라는 점을 설명했고, 낮은 자세로 임하며 정세를 정확히 살피는 법을 배워 스스로를 보호하고 타인을 다치게 하지 말라고 요구했다.

　　지극히 정직한 사람은 겉으로 보면 도리어 떠들썩한 사람 같고, 솜씨 좋은 사람은 겉으로 보면 우둔해 보이기도 한다.

훗날 근대 사상가 펑요우란馮友蘭은 이 말을 좀 더 쉽게 풀었다. "가장 원만한 것은 모자라 보인다. 그러나 그 쓰임새는 영원히 마르지 않는다. 가장 충실한 것은 비어 보인다. 그러나 그 쓰임새는 다함이 없다. 가장 곧은 것은 굽어 보이고 가장 재주 있는 것은 아둔해 보이며, 가장 말 잘하는 것은 말을 못하는 것처럼 보인다. 빨리 달리면 추위를 이길 수 있고, 가만히 있으면 더위를 이길 수 있다."

현대사회의 경쟁은 날로 격렬해진다. 극히 작은 이익에도 쓸데없는 시비가 일어날 수 있다. 심지어 우물에 빠진 사람에게 돌을 던지고 등 뒤에서 독수를 뻗치기도 한다. 그러므로 일정한 경계심을 가지고 상황을 판단하는 법을 배워 자신을 보호해야 한다. 상황을 파악하는 법을 배우면 자신의 내면을 축적하는 데 도움이 되며, 있음과 없음 사이에서 자유롭게 오가며 자신을 위한 기회를 만들 수 있다.

어떤 부부가 미국에서 장사를 했다. 부부는 길거리를 지나다니는 사람들에게 갓 구운 빵을 팔았는데, 날이 채 밝기도 전에 뜨거운 빵을 싸들고 거리로 나섰다. 아침 운동을 하거나 출근하는 사람들이 맛있는 냄새에 이끌려 빵을 사러 왔다. 부부의 빵은 매일 남김없이 팔려나갔다. 그런데 시간이 흐르면서 부부는 기막힌 방법을 생각해냈다. 바로 만약 오늘 하루에 100명이 와서 빵을 사 간다면 내일은 99개만 만드는 거였다. 그런 식으로 한 명은 꼭 사지 못하도록 남겨두었다. 이렇게 하니 이튿날에는 사람들이 더 일찍 더 많이 몰려왔다. 이런 식으로 부부는 미국에서 두 번째로 큰 빵 체인점을 열었다. 부부는 형세를 잘 파악해 부를 얻을 수 있는 기회를 마련한 것이다.

형세를 정확히 살피는 것은 성공으로 향하는 지름길이다. 옛날에 청개구리와 수탉이 노래 대결을 했다. 청개구리는 연못가에서 저녁 내내 노래를 불렀는데 악평을 받았고, 수탉은 날이 밝을 때 단 한 번 노래를 불렀는데도 호평을 받았다. 수탉의 소리가 청개구리보다 듣기 좋아서가 아니었다. 수탉은 적절한 때에 적절하게 행동함으로써 사람들에게 인정을 받은 것이다. 일과 삶도 마찬가지다. 우리는 늘 청개구리처럼 일할 뿐 수탉이 되지는 못한다. 대부분 우리의 능력은 다른 사람과 별로 큰 차이가 나지 않는다. 우리도 출발은 좋을 수 있다. 그러나 최종 결승점에서 성공하지 못하는 원인은 적당한 때에 적당한 일을 선택하지 않았고, 다른 사람에게 인정을 받지 못해서이다. 형세를 살피는 것은 우리 능력을 늘려주거나 지식 수준을 높여주지는 않는다. 그러나 실력을 정확히 발휘하도록 돕는다.

뉴턴은 젊은 시절 사과가 떨어지는 것을 보고 놀라운 물리학 이론 체계를 세웠다. 그러나 그는 뒷날 형세를 판단하지 못해 과학적으로 더 발전할 수 있는 기회를 날려버렸다. 말년의 뉴턴은 신학을 연구하는 데 엄청나게 많은 시간을 할애했다. 그는 하느님에게서 천체 운행의 '제1추동력'을 발견하고자 했고, 그런 만큼 과학은 등한시할 수밖에 없었다. 뉴턴은 형세를 올바르게 판단하지 못했기 때문에 과학 연구에서 진일보할 수 없었고, 끝내 아쉬움을 남기고 말았다.

반면 피카소는 형세를 잘 판단했고, 시대가 무엇을 원하는지 똑똑히 알고 있었다. 피카소의 화풍은 매우 다양했지만 모두 당시의 요구에 부합했고, 그 결과 세계적으로 높은 명성을 얻었다. 자기 스스로를 고상하다고 여기면서 만족하는 것도 좋겠지만, 대중의 환영을 받는 것도 자기 자신에 대한 긍정이자 격려가 될 수 있다.

인생이란 마치 바둑과 같다. 누가 더 형세를 잘 판단하느냐에 따라, 누가 더 적절한 시기에 적절한 자리에 돌을 놓느냐에 따라 최후의 승자가 결정된다. 형세를 판단한다는 것은 어떤 시기에 기회를 잘 붙잡는다는 뜻이다. 형세란 사물이 발전하고 변화하는 추세를 말한다. 그러므로 사물의 발전 법칙을 잘 따르며 그에 거슬러 행동해서는 안 된다. 가끔 텔레비전 시대

극을 보면 한쪽 진영이 다른 쪽 진영을 향해 "시기를 아는 자가 준걸이다"라며 투항을 권유하는 장면이 나온다. 상대방이 형세를 깨닫고 사물의 발전 추세를 알아 상황을 거스르거나 역사적 흐름을 막지 말라고 강조하는 말이다.

『손자병법孫子兵法』은 특히 이 점을 매우 중요하게 보았다. "작전을 잘 지휘하는 장수는 전쟁에서 유리한 형세를 이끌고 자신의 군대에 가장 적합한 전투태세를 갖출 줄 알며, 이로써 상대방을 압박해 최종적으로 승리를 거두지, 절대로 다른 사람에게 책임을 묻거나 떠넘기지 않는다(善戰者, 求之于勢, 不責于人)."

형세를 판단하는 것이 이렇듯 중요하다면 어떻게 해야 이런 능력을 기를 수 있을까? 먼저 형세를 잘 살피고 추세를 파악해야 한다. 형세와 추세는 현재와 미래 계획을 실천하는 기초이자 출발점이다. 경영학에서는 SWOT 분석이 널리 쓰인다. 대외 환경과 내부 조건에 맞추어 상품의 강점(strength), 약점(weakness), 기회(opportunity), 위협(threat) 요인을 분석하는 것이다. 이것은 신상품을 내놓기 전 모든 회사가 반드시 시행하는 분석 방법이다. 우리도 일상생활에서 이 방법을 쓸 수 있다. 결정을 내리기 전에 현재의 형세를 구체적으로 분석하고 사태의 발전 추이에 근거해 정확한 판단을 내리며, 어떤 것이 계획을 시행하는 데 유리한지, 어떤 것이 장애가 되는지 파악한다. 또 현재의 제반 요건 중 어느 것이 확실하고 어떤 것이 불확실한지 파악해 변화가 발생하는 것을 막고 계획이 불리해지지 않도록 예방할 수 있다. 유리한 점과 불리한 점 중 어느 것이 내부 요인에 의해 발생하고 어느 것이 외부 요인에 의해 발생하는지 분석하며, 그것이 계획에 어떤 영향을 주는지 파악한다. 이처럼 문제를 정확히 파악하면 실제 적용 가능한 전략을 세울 수 있다.

그다음, 시기를 잘 파악해 손을 내밀어야 할 때 그럴 수 있어야 한다. 중국 현대 작가 왕샤오보王小波와 부인 리인허李銀河의 이야기는 적잖은 사람들의 관심을 끌었다.

왕샤오보는 젊었을 때 용모가 변변치 않았고 당시에는 그의 작품도 대중에게 인정받지 못했다. 연애에서도 다른 선수에게 걷어차일 것만 같았다. 왕샤오보는 자기가 쓴 연애편지 두 장을 리인허에게 직접 전해주며 말했다. "내 모든 영혼을 그대에게 바치오. 그와 함께 이상한 습관, 철없는 성질, 변덕스러운 머리, 수천 수만 가지의 못된 버릇도 함께 드리오. 정말 끔찍한 버릇이라오. 오직 한 가지만 좋은데, 그건 바로 당신을 사랑하는 마음이오." 이 낯간지럽지만 진실한 연애편지는 리인허의 마음을 움직였고, 그들은 한평생 잡은 손을 놓지 않았다.

사실 연애와 마찬가지로 우리는 가정이나 직장에서 손을 내밀어야 할 때 그럴 수 있어야 한다. 만약 기업이 생산과 판매에 유리한 시기를 놓치지 않는다면 단기간에 막대한 이익을 거두어들이고 더 높은 단계로 발전할 수 있다. 그러나 일단 좋은 기회를 놓치면 극심한 경쟁 속에서 다른 기업에 견제를 당하고 곧 위기를 맞을 수도 있다.

셋째, 민첩한 임기응변 능력을 길러야 한다. 어떤 일의 발전 방향은 갖가지 요소에 따라 결정되며, 모든 것이 생각대로 되는 것도 아니다. 시기를 붙잡지 못하면 계획은 성공하기 어렵다. 그러나 시기를 붙잡아도 실제 상황 변화에 맞추어 변화하지 않으면 마찬가지로 성공하기 어렵다. 『손자병법』에 이런 말이 있다. "물은 지형의 높낮이에 따라 흐름에 변화가 일어난다. 마찬가지로 용병술도 적의 상황 변화에 따라 변화해야 한다. 이것이 승리를 거둘 수 있는 전략이다." 전쟁터에서 쓰이는 전술에는 고정 방식이 없다. 그것은 마치 물이 고정된 형태 없이 흐르는 것과 같다. 실제 상황 변화에 따라 변화하는 필승 전략이야말로 귀신같은 용병술이라고 이름 붙일 수 있을 것이다. 결정을 내릴 때는 다양한 가능성을 염두에 두어야 한다. 계획만 잔뜩 세우고 적당한 때 변화할 수 있는 여지를 남겨놓지 않으면 아무리 애써봐야 결국 당신을 기다리고 있는 것은 실패일 것이다.

마지막으로, 창의성을 발휘해 전혀 예상치 못한 방법으로 승리를 거두어야 한다. 형세를 판단하고 임기응변을 발휘해도 뭔가 부족하다면 창의력이 필요할 때다. 새로운 관점, 새로운 방법으로 문제를 바라보고 해결해야 한다. 변동이란 구체적 형식에 따라 변화하는 것이며, 따라서 피동적인 방식이다. 좀 더 주도적인 방식은 상대가 예상치 못한 방법으로 자신의 장점을 우위로 만들고 승리하는 것이다.

프랑스 유물주의 철학자 드니 디드로Denis Diderot는 강연에서 이렇게 말했다. "어떤 사물이 어떤 모양인지 알면 당신은 총명한 사람이다. 어떤 사물이 실제로 어떤지 알면 당신은 경험이 많은 사람이다. 어떻게 하면 사물을 더 좋게 변화시킬 수 있는지 알면 당신은 재능 있는 사람이다."

사물의 발전 흐름을 잘 알면 우리는 총명한 사람이다. 임기응변을 할 줄 알면 우리는 경험이 많은 사람이다. 그러나 독창성을 발휘할 줄 아는 사람이야말로 진정 재능 있는 사람이다. 형세를 판단하는 능력은 하루아침에 만들어지지 않는다. 오랜 기간에 걸쳐 다듬고, 다듬고, 다시 다듬어야만 한다. 통찰력을 높이려면 꾸준함이 있어야 한다. 그것은 어쩌다 한번 우연히 얻어지는 것이 아니다. 여기에는 엄청난 자제력이 필요하며, 앞으로도 끊임없이 노력해야 할 부분이다.

기쁨과 슬픔도
다 나의 것이다

인생이 늘 순탄할 수만은 없다. 고요해 보이는 호수에도 미풍이 불면 물결이 인다. 잠잠한 밤하늘에는 이따금 유성이 스쳐 지나간다. 꽃이 가득한 정원에도 잡초는 자란다. 인생에서도 갖가지 문제는 생겨난다. 그러나 어려움이란 언제나 기회를 수반하고, 실패와 성공은 늘 교차한다. 문제가 발생하는 것을 막을 수 없지만 그것도 언젠가는 지나가게 되어 있다. 어떤 어려움도 우리 앞길을 막을 수 없다는 사실을 알아야 한다. 그러므로 어려움을 만났다면 그것을 똑바로 마주보고 극복해야 한다. 결코 의기소침해하지 말아라. 길이 없을 것 같은 막다른 곳에서도 반드시 새로운 길이 나타난다는 사실을 믿어라.

하늘이 한쪽 문을 닫을 때는 반드시 다른 쪽 문을 열어놓는다. 가시덤불로 가득 찬 인생길을 걷다가 날카로운 가시에 찔리거나 가시덩굴이 발을 붙들 때가 있다. 그러나 말없이 피어나는 가시나무 꽃은 또 얼마나 아름다운가? 사실 인생이란 이런 것이다. 누구나 등에 배수진을 치고 싸워야 할 때가 있다. 고난을 두려워하지 않아야 성공을 거둘 수 있다. 너무 위축된 나머지 고민만 하면서 시간을 낭비하면 결국 실패로 이어진다. 이번의 곤경이 인생의 전환점이 될지 누가 알겠는가? 이번의 고난이 당신을 인생의 최절정으로 이끌 수 있을지 누가 알겠는가? 기회와 고난은 공존한다. 그러므로 어려움을 극복한다면 아름다운 미래를 만끽할 수 있다.

역사를 되짚어보면 이런 예를 무수히 발견할 수 있다. 베토벤은 청각을 잃고 나서 오히려 음악의 진동을 더 잘 느낄 수 있었고, 지금까지 수많은 사람을 감동시키는 음악을 만들어냈다. 베이징의 한 소녀는 생활이 어려워 지하철역 앞에서 노래를 불러야 했지만 사람들 눈에 띄어 텔레비전 프로그램에 출연한 뒤 유명해졌다. 그들은 하나같이 곤경에 빠진 사람들이지만 운명에 굴복하지 않고 자신의 힘으로 새로운 길을 열었다. 그럼으로써 마침내 죽을 고비에서 살아나고 멋지게 기

사회생활했다. 노자는 "화 속에 복이 숨어 있고 복 속에 화가 있다(禍兮福之所倚, 福兮禍之所伏)"고 말했다. 앞에서 우리는 새옹지마를 이야기했다. 그것이 바로 노자의 문장에 대한 정확한 해석이라 할 수 있다. 좋지 않은 일에서도 얼마든지 좋은 결과를 이끌어낼 수 있다. 노자는 또한 이렇게 말했다. "정상적인 것과 기이한 것은 서로 변환하고, 선량함과 사악함은 서로 순환한다(正復爲奇, 善復爲妖)." 이것은 사물의 모순되는 두 측면이 변화함을 묘사한 것이다. 사상가로서 노자의 이론은 사람들에게 널리 전파되었지만, 동시에 그의 말 속에 드러난 진리도 배울 가치가 있다.

병원균을 생각하면 가장 먼저 머릿속에 페니실린이 떠오를 것이다. 페니실린을 발견한 과정이 바로 이 전형적인 예다. 1928년 9월 15일은 전 세계 사람들이 기념할 만한 의미 있는 날이다. 바로 이날 알렉산더 플레밍Alexander Fleming이 실험실에서 페니실린을 발견했다. 이 거대한 발견은 인류 건강에 복음을 전했을 뿐 아니라 알렉산더 플레밍에게 전 세계적으로 명예학위 26개, 명예시민증 17개, 그리고 140개가 넘는 각종 영예를 안겨주었다. 수많은 영예 중에는 우리가 잘 알고 있는 노벨 의학상도 포함되어 있다.

플레밍은 스코틀랜드에서 태어났다. 그는 반짝이는 두 눈을 가지고 있었고 와이셔츠 위에 보타이를 매는 것을 좋아했다. 플레밍은 가난한 농부의 아들에서 세계적인 세균학자가 되었지만, 그 과정에서 수많은 어려움을 겪었고, 심지어 포기한 적도 있었다. 런던 세인트마리 병원 세균연구소가 그의 직장이었고, 그가 기적을 실제로 경험한 장소였다. 플레밍은 두 가지 뜻밖의 발견으로 성공을 거두었다. 첫 번째 발견은 1922년에 이루어졌다. 마침 감기에 걸렸던 플레밍은 무의식중에 세균 배양 접시에 대고 재채기를 했다. 얼마간의 시간이 지난 뒤 그는 이 '불운한' 배양 접시 안에서 재채기할 때 튄 체액이 묻은 부분에 세균이 자라지 않는 것을 발견했다. 플레밍은 흥미가 생겼다. 연구가 깊어지자 플레밍은 체액과 신체 조직에 세균을 용해하는 물질, 즉 리소자임이 있다는 것을 알아냈다. 리소자임은 효과적인 천연 항균제를 만들 수 있는 핵심 요소였다. 그러나 현실은 여전히 만만치 않았다. 연구 결과에 따르면 리소자임은 오직 무해 미생물에만 작용했고 병원균에는 아무런 능력이 없었다.

플레밍의 연구가 가장 난항을 겪을 때 행운의 신이 다시 한번 강림했다. 1928년 플레밍은 이 주간 휴가를 내고 여행을 떠났다가 실험실로 돌아왔다. 그런데 지난번 실험한 뒤 깜빡하고 씻지 않은 배양접시에서 신기한 곰팡이가 자란 것을 발견했다. 그는 또다시 이 곰팡이의 항균 작용을 관찰했다. 지난번 발견과 비슷해 보였다. 이 곰팡이가 묻은 부위에는 세균이 자라지 않았다. 그러나 한 가지 다른 점이 있었다. 이번에 오염된 세균은 포도구균이었다. 이것은 매우 치명적인 감염원이었다. 당시에는 적절한 치료를 제때 받지 않으면 생명을 앗아갈 수도 있을 정도였다. 뒷날 플레밍은 여러 차례 실험을 통해 이 곰팡이균이 다른 다양한 병원성 세균의 생장을 억제할 수 있다는 것을 증명했다. 이 독균이 바로 오늘날 우리가 흔히 사용하는 페니실린이다.

플레밍의 성공은 우연처럼 보이지만 모든 우연은 필연적으로 발생한다. 플레밍의 오랜 연구 경력과 마음 상태는 둘로 나눌 수 없는 것이다. 하늘 한 점도 보이지 않는 음산한 숲을 걷다가 밝게 빛나는 출구를 보면 마음이 위축될까, 아니면 조금도 흔들리지 않고 반드시 저 끝에 또 다른 산골짜기가 아니라 아름다운 풍경이 있을 거라고 믿게 될까?

'색맹의 아버지' 존 돌턴John Dalton이 자신이 붉은색과 파란색을 구별하지 못한다는 사실을 발견하지 않았다면 어떻게 색맹증을 연구하고 새로운 의학 영역을 개척할 수 있었겠는가? '드라이클리닝의 아버지' 장 밥티스트 졸리Jean-Baptiste Jolly가 무심결에 등유를 흘리지 않았다면 어떻게 드라이클리닝을 발명하고 수만 가정에 행복을 가져다줄 수 있었겠는가? '즉석라면의 시조' 안도 모모후쿠安藤百福가 라면 노점에서 비밀을 발견하지 않았다면 어떻게 세상에 컵라면이 만들어질 수 있었겠는가?

미국의 돌턴에서 아시아의 안도 모모후쿠에 이르기까지, 그들은 모두 막막한 곤경에서 새로운 길을 여는 기쁨을 누렸다. 절망적인 상황에서도 새로운 희망은 있다. 잘못된 시작일지라도 아름다운 결말을 맺을 수 있다. 그러므로 어려움 앞에서도 자신만의 태도를 유지해야 한다. 현실이 아직 우리를 쓰러뜨리지 않았는데도 미리 주저앉거나 굴복해서는 안 된다.

우리는 모두 비상하는 독수리를 동경하고, 그 자유와 아름다움을 동경한다. 그러나 우리 중 누가 독수리의 아름다움 뒤에 숨겨진 어려움을 이해한다고 말할 수 있는가? 독수리는 사냥꾼의 추격을 피하기 위해 영민해져야 했고, 먹을 것이 부족한 상황을 대비해 사냥 실력을 다져야 했다. 천적을 피해 자신을 보호하는 법을 익혔고, 매서운 바람을 이기기 위해 강철 같은 몸을, 폭우에 젖는 것을 막기 위해 윤기 나는 깃털을 길렀다. 독수리는 삶이 준 고난을 극복하고 나서야 지금과 같은 자유를 얻을 수 있었다. 우리도 삶 속의 고난을 극복해야 새로운 풍경을 만나고 더 여유롭고 편안하게 살아갈 수 있다.

어떤 사람은 나무에 상처를 내면 눈이 생겨서 더욱 분명하게 이 세상을 바라볼 수 있다고 말한다. 그렇다면 마찬가지로 우리 인생의 여정에 가시덩굴 씨앗을 심고 날카롭게 모난 돌을 흩뿌리면 어떨까? 이것은 결코 좌절을 맛보기 위해서가 아니다. 더욱더 주의를 기울여 앞으로 나아감과 동시에 우리 앞에 펼쳐진 아름다운 풍경을 잘 감상하기 위해서이다.

내 삶에
밑줄 긋기

언제부터인지 알 수 없지만 우리는 명예와 부만 집착해왔다. 언제부터인지 알 수 없지만 우리는 남을 위해서만 분주히 달려왔다. 언제부터인지 알 수 없지만 우리는 자신을 위해 쉬는 방법을 잊어버렸다. 우리는 늘 이렇게 말하곤 한다. "아이들을 공부시키려면 열심히 돈을 벌어야 해." "사랑하는 사람을 행복하게 해주려면 열심히 일해야 해." "더 높은 자리에 오려면 더 열심히 위로 올라가야 해." "다른 사람에게 무시당하지 않으려면 더 노력해서 앞으로 나아가야 해." 우리는 이런 식으로 타인의 세계에 갇혀 자신을 잃어버리고 참된 마음을 돌보지 않는다.

분투하고 노력하는 것은 당연히 나쁜 일이 아니다. 근면하고 성실한 것도 적극적인 삶의 태도다. 그러나 남을 위해 분주히 내달리는 동시에 자기 자신을 잊어서는 안 된다. 언제라도 멈춰 서서 한숨 돌리면서 마음에 휴식을 주어야 한다. 어깨에 걸린 만근의 무게를 벗고 자신에게 숨을 돌릴 기회를 주어야 한다. 우리가 무엇을 위해 노력하든 절대로 잊지 말아야 할 사실은 우리의 근본이 자기 자신이라는 점이다. 자신에게 좋은 것을 알아야 남에게 더 좋은 것을 줄 수 있다.

청대 화가이자 문학가였던 정판교는 "자신의 실력을 감추고 어수룩하게 행동하는 것은 쉽지 않다"라고 이야기했다. 그렇다. 어수룩하게 행동하는 것은 실로 쉽지 않다. 우리는 자질구레한 것까지 하나하나 따지며 먹고살기 위해 동분서주한다. 심지어 꿈을 꿀 때도 어떻게 하면 돈을 벌 수 있을지, 어떻게 하면 부유해질 수 있는지, 어떻게 하면 더 큰 이익을 벌어들일 수 있을지 생각한다.

사실 우리 삶의 가치와 의의는 분투하고 노력하는 과정에서만 발견할 수 있는 것이 아니다. 인간의 일생이 늘 분주할 수만은 없다. 우리는 여유롭게 사는 법을 배워야 한다. 우리가 본래 가지고 태어난 여유로움을 맛보고 이따금 자신을 위해 살며 긴장을 풀어야 한다.

도가에서는 인생이 꿈과 같고 태어남과 죽음이 순간의 일이라고 본다. 장자가 언급한 '꿈'은 철학적 의미를 가진 키워드이면서, 동시에 문학적 의미도 들어 있다. 장자는 꿈과 같은 인생에서 즐거움의 참 의미를 깨달았다. 그것이 바로 속세를 떠나 아무 속박 없이 조용하고 편안하게 사는(悠悠自適) 태도다.

한번은 장자가 초나라로 가는 꿈을 꾸었다. 그런데 길가에 죽은 사람이 있는 게 보였다. 시체는 거의 다 썩었고 뼈밖에 남아 있지 않았다. 그런데 해골이 갑자기 사람 모습으로 변했다. 장자는 채찍을 들고 해골을 향해 휘두르며 물었다. "당신은 죽음을 두려워하고 삶을 탐해 이성을 잃고 이 지경이 된 것이오? 아니면 나라가 망해 도끼에 목이 잘려 죽은 것이오? 살아 있을 때 좋지 않은 행동을 하고 부모형제에게 알려질까봐 부끄러워 죽은 것이오? 아니면 배가 고파서 굶어죽은 것이오? 그것도 아니면 수명을 다하고 어쩔 수 없이 죽은 것이오?" 해골은 장자의 말이 끝나도록 듣고만 있을 뿐 아무런 대꾸도 하지 않았다. 꿈속의 장자는 어쩔 수 없이 해골을 끌어안고 함께 처소로 갔고 마치 베개처럼 몸 아래 두었다. 그날 밤의 꿈은 곧 끝이 났다.

그런데 둘째 날 한밤중이 되자 전날 보았던 해골이 다시금 홀연히 꿈속에 들어와 장자에게 말했다. "당신이 말하는 것을 들어보니 당신은 아마도 웅변가일 것이오. 그러나 아마도 당신은 인생이 짐이라고 생각하는 것 같소. 사람이 죽은 뒤에 모든 짐이 없어지는 것이고. 그런데 당신은 이것이 당신이 죽어서 얻는 즐거움이라고 확신할 수 있겠소?" 장자가 말했다. "그렇소. 나는 확신하오. 사람이 죽은 뒤에는 왕도 없고 신하도 없소. 다시는 사계절의 일로 번뇌할 필요가 없소. 하늘과 땅과 함께 한가롭게 세월을 보내니 설사 왕이라 할지라도 이런 즐거움은 누리지 못할 것이오!" 해골은 여전히 믿지 않았다. 그러자 장자가 다시 한 번 물었다. "그렇다면 내가 신명에게 빌어 당신이 원래 모습을 회복하게 만들고 근육과 피부를 되돌려 부모와 처자, 고향 사람들과 다시 만나게 하면 어떻겠소? 진정으로 그렇게 하기를 원하시오?" 해골은 깊은 고민에 빠지더니 미간을 찌푸리며 말했다. "내 어찌 왕이 되는 즐거움을 버리고 다시 인간 세계로 돌아가 괴로워하는 길을 선택하겠소!"

황당무계한 이야기지만 어쨌든 장자가 이틀에 걸쳐 꾼 꿈이다. 우리는 이 꿈에서 한가로움과 분주함에 관한 장자의 태도를 엿볼 수 있다. 세속적 관점에서 보면 우리는 한가로운 삶을 죽음에 비유하고 인간 세상의 삶을 분주한 삶에 비유할 수 있다. 우리는 종종 바쁜 것이 진정한 삶의 모습이라고 여긴다. 그러나 우리는 그러는 와중에 한가로움이라는 독특한 즐거움을 잊어버리고 만다.

한가로움은 아무 일 없이 지내는 것이 아니다. 타락한 삶에 빠져 도박을 하거나 술을 마시는 것도 아니다. 그보다는 자신이 진정으로 즐겁다고 여기는 일을 하는 것이다. 이를 잘 표현한 우화가 있다.

어부가 햇빛이 비치는 곳에서 그물을 뜨면서 바다를 바라보고 있다. 아마도 그물을 수선해 바다로 나가려고 준비하는 모양새다. 그때 어떤 노인이 어부 곁으로 다가와 묻는다. "뭘 하고 있는가?" 어부가 대답한다. "그물을 떠서 고기를 잡으려고요." 늙은이가 묻는다. "그럼 고기를 잡아서 무엇을 하려는가?" 어부는 조금도 망설이지 않고 대답한다. "돈을 벌죠." "그럼 돈을 번 다음에는 무엇을 할 생각인가?" "더 많은 어선을 사서 고기를 잡으러 보내고 저는 바닷가에 앉아서 그물이나 뜨면서 태양을 즐기죠." 늙은이가 어부의 말을 듣고는 미소를 지으며 되물었다. "그럼 자네가 바로 지금 하고 있는 건 뭔가?" 늙은이의 질문을 받은 어부는 할 말을 잃었다.

적지 않은 사람들이 어부처럼 생각한다. 한 길로만 다니고 한 길로만 치달아 자신에게 휴식을 취할 시간을 주지 않는다. 그러나 그들이 실제로 원하는 것은 바로 지금 현재의 삶이다. 이것은 본말이 전도된 것이 아니고 무엇인가?

최근 몇 년 사이 업무가 많아지고 먹는 것이 불규칙하며 휴식이 부족해 생겨나는 문제가 갈수록 사람들의 관심을 끌고 있다. 얼마 전에는 「프라이스 워터하우스 직원 과로사」라는 제목의 글이 사회적인 관심을 불러일으켰다. 거기에는 "프라이스 워터하우스 쿠퍼스 회계 감사부 여직원이 반년을 일하다 과도한 노동으로 급성 뇌막염을 일으켜 사망했다"라고 쓰여 있었다. 프라이스 워터하우스가 그 직원은 과로사한 것이 아니라고 해명했지만 블로그에 드러난 사실로 보면 당사자는 몸이 안 좋았을 때도 여전히 일을 하고 있었다고 한다. 이 일은 사회적으로 커다란 물의를 빚었고 현대인의 업무 강도와 건강 상태에 대해 뜨거운 논의가 일었다.

관련 자료를 살펴보면 현대사회의 경쟁이 날로 극심해지면서 "스트레스가 산처럼 크다(壓力山大: '압력이 크다'는 말로 '알렉산더' 대왕과 중국어 발음이 같은 표현이다)"라는 말이 사전에 오를 정도가 되었다. 우스갯소리가 전문적인 뜻으로 풀이되는 셈이다. 최근에는 스트레스로 인한 자살과 돌연사가 빈번하게 일어나고 있다. 푸스캉富士康 직원이 건물에서 뛰어내린 사건, IT 박사가 과로사한 사건, 창샤의 화이트칼라 부부가 도시생활 스트레스가 너무 커 50만 위안이라는 높은 연봉을 포기하고 귀농한 사례도 등장하고 있다. 이런 현상은 삶이란 무엇이며, 도대체 한가로움과 분주함 중에서 무엇을 선택해야 하는지 끊임없이 질문을 던지고 있다.

2011년 직장 스트레스 조사 자료를 보면 49.8퍼센트가 일에서 받는 스트레스가 너무 크다고 말했다. 또 79.3퍼센트는 직장 스트레스가 퇴근 후의 삶에도 영향을 준다고 말했다. 그중 70퍼센트에 달하는 사람들이 가벼운 우울증을 앓고 있다고 말했다. 이런 데이터를 보면 현대사회의 일이 우리에게 주는 스트레스가 얼마나 큰지 어렵지 않게 짐작할 수 있다.

그러므로 현대를 사는 직장인이라면 반드시 적당히 쉬어서 업무 스트레스를 조절하는 법을 배워야 한다. 충분한 수면을 취하고 적당한 운동을 하면서 자신만의 취미로 긴장을 풀어야 한다. 지금 곧장 멈추어서 자신의 마음에 휴식이라는 선물을 주어라. 자기 자신을 잃지 마라. 그것이 모든 일의 근본이 된다는 점을 명심해라.

이 책에서 인용한 중국 고전, 철학과 철학자, 고사성어

도무지 일하는 법을 몰랐으니

개정판 1쇄 2019년 9월 5일

지은이 | 리천   옮긴이 | 정이립
펴낸이 | 정미화   기획편집 | 정미화 정일웅   디자인 | 김현철
펴낸곳 | (주)이케이북   출판등록 | 제2013-000020호
주소 | 서울시 관악구 신원로 35, 913호
전화 | 02-2038-3419   팩스 | 0505-320-1010
홈페이지 | ekbook.co.kr   전자우편 | ekbooks@naver.com

ISBN 979-11-86222-24-9 03320

* 이 도서의 국립중앙도서관 출판예정도서목록(CIP)은 서지정보유통지원시스템 홈페이지
  (http://seoji.nl.go.kr)와 국가자료종합목록 구축시스템(http://kolis-net.nl.go.kr)에서
  이용하실 수 있습니다.(CIP제어번호 : CIP2019032743)